王 科 姜雪丽 主编

大学生 职业生涯规划

清华大学出版社
北 京

内 容 简 介

本书共十一章。开篇两章协助大学生认识大学，帮助其完成从高中生到大学生的转变，介绍了生涯、职业生涯和职业生涯规划的相关概念；第三章到第七章介绍了职业生涯规划自我探索4个维度(兴趣、性格、技能和价值观)和职业世界的特点和探索方法；第八章到第十章综合自我探索和职业世界探索的结果，分析了如何理性树立职业目标和制订行动计划，并介绍了职业生涯规划书的制作与修订方法；最后一章讲述了十名毕业生的真实求职故事，读者可以从他们的经历中获取成长经验，体会职业生涯规划的重要性。

本书是内容较为全面的大学生职业生涯规划教材，可用于国内高等院校本科教学，也可作为政府相关部门、学校、家庭、社会组织等相关工作领域工作者的实务工作参考书。

图书在版编目(CIP)数据

大学生职业生涯规划 / 王科，姜雪丽主编 . —北京：清华大学出版社，2021.6（2024. 7重印）
ISBN 978-7-302-57956-4

Ⅰ . ①大…　Ⅱ . ①王… ②姜…　Ⅲ . ①大学生－职业选择－高等学校－教材　Ⅳ . ① G647.38

中国版本图书馆 CIP 数据核字 (2021) 第 064162 号

责任编辑：施　猛
封面设计：常雪影
版式设计：方加青
责任校对：马遥遥
责任印制：杨　艳

出版发行：清华大学出版社
　　网　　址：https://www.tup.com.cn，https://www.wqxuetang.com
　　地　　址：北京清华大学学研大厦 A 座　　**邮　　编：**100084
　　社 总 机：010–83470000　　**邮　　购：**010-62786544
　　投稿与读者服务：010-62776969，c-service@tup.tsinghua.edu.cn
　　质 量 反 馈：010-62772015，zhiliang@tup.tsinghua.edu.cn
印 装 者：北京同文印刷有限责任公司
经　　销：全国新华书店
开　　本：185mm×260mm　　**印　　张：**12.75　　**字　　数：**286 千字
版　　次：2021 年 6 月第 1 版　　**印　　次：**2024 年 7 月第 7 次印刷
定　　价：39.00 元

产品编号：089765-01

本书编委会

主　　编：王　科　姜雪丽

编　　委：方可佳　史　琳

宋　文　陈汝沛

前言

亲爱的你，欢迎来到大学校园！

进入大学校门之前，你一定设想过大学校园的样子吧！设想过大学里文体活动的丰富多彩，专业课程资料的浩如烟海，还有喜欢的人什么时候来……这所大学也许是你的“得偿所愿”，也可能是“阴差阳错”。请相信，只要你对自己有所期待，这本书一定会给你不一样的收获！

这是一本帮助你认识自己、了解职业，为自己职业发展做准备的书。

“等等！职业发展？”

“我刚刚来到大学校园，还要享受自由的时光，现在就考虑职业发展太早了吧？”

“家人让我读研，我毕业以后应该是继续读书吧！”

职业发展真的离你很远吗？不远。即使你继续读书，将来还是要步入职场的。从生涯发展的角度来说，当下的一切都是在为下一个阶段做准备。想想看，无论你进入什么样的大学，选择什么样的专业，将来你想要的是什么样的人生？你喜欢什么样的生活方式？十年之后，你会在哪里？别人的选择不一定适合你，你期待的人生状态需要能力来支撑。所以，从进入大学开始，你就要未雨绸缪，为将来的人生打下坚实的基础。

为什么读这本书？如果你有以下困惑，可以从本书中找到答案：

在大学里有很多选择，却不知道自己到底该做什么；

对新的环境、新的人际关系，总有一些不适应的地方；

需要构建自己的人生新阶段，还不知道要准备哪些能力；

想要为自己的人生做主，却不知何去何从……

这本书可以协助你深入地认识自己，探索未来的职业发展方向，明确需要提升的技能，为实现你的人生价值和梦想助力。

为什么写这本书？本书会让你更好地认识自己，认识职业。

“授人以鱼不如授人以渔”——塞给你的选择你真的喜欢吗？我们是自己生活的作者，人生蓝图需要自己规划。“工欲善其事，必先利其器”，学会探索自我、探索职业世界和决策、行动的方法，才能助你仗剑走天涯。

“临渊羡鱼，不如退而结网”——只有理性决策，有效行动，才能厚积薄发，毕竟职业生涯规划不是每年年初朋友圈的豪情壮志。

“以不变应万变”——在这个瞬息万变的世界，唯一不变的就是“变”，为自己打造“金饭碗”才能适应社会变迁。

现在，你做好职业生涯探索的准备了吗？认清真实的自己，了解现实的世界，这个过程或许会产生“成长的阵痛”，但请相信，最终你会见到“雨后的彩虹”！

感谢在本书编写和出版过程中同行们的热心协助！

本书由王科整体统筹，设计章节和内容框架，姜雪丽进行了全书的校对、修订。第一章、第二章和第十章由姜雪丽编写，第三章和第五章由史琳编写，第四章和第六章由陈汝沛编写，第七章由宋文编写，第八章和第九章由方可佳编写，附录的求职故事部分由陈汝沛进行初步筛选，编者共同编写了点评部分。在此还要一并感谢协助收集求职故事的老师们和撰写求职故事的学生们！

因编者的水平和经验有限，书中难免有疏漏和不当之处，敬请广大读者批评指正。反馈邮箱：wkservice@vip.163.com。

编　者

2021年1月

目录

引言

大学生职业生涯规划的必要性

大学生职业生涯规划与就业指导教育是当前高校教育极其重要的一环。理想的就业虽然不是大学进修的唯一目的，却是衡量学生学习成果的关键标准之一，也是学生在大学期间不可避免要去思考的问题。因此，高校对大学生职业生涯规划做专门的教育与指导，无疑是十分必要的。

随着高校招生规模的不断扩大，我国的高等教育逐步从“精英教育”向“大众教育”过渡，高校毕业生人数急剧增加，待就业学生群体不断膨胀。我国人力资源和社会保障部数据显示：2000年我国高校毕业生人数为95万人，2010年达到了630万人，2020年更是高达874万人。这个发展速度是惊人的，就业大军中大学生的比例将越来越大，“最难就业季”“更难就业季”等称呼不断出现。除了就业人数的增加，目前我国还存在职业岗位的结构性矛盾问题，大量人才如技能人才、普通工人等紧缺，但是这些人才与高校毕业生却不匹配。加之2008年以来的国际金融危机的影响仍在持续，国内外经济环境正面临严峻考验。在这样的背景下，大学生的就业问题越来越引起社会的广泛关注。

2020年，新冠肺炎疫情对大学生就业市场也造成了影响。根据BOSS直聘发布的《2020春招就业市场追踪报告》显示，2020年春节后第3周，面向2020年应届生的岗位需求环比增长16%，但同比仍然下降44%，百人以下小微企业的应届生需求相比2019年缩减52%。2020年高校毕业生供给规模的大幅度增加，以及受疫情影响部分行业不景气等因素势必加剧就业的难度。

大学毕业生就业的结构性矛盾十分突出。大学生的就业难并非指大学生找不到工作，而是体现在学生找不到理想的工作上。具体而言，目前社会所呈现的是大城市就业难、编制内就业难、高薪就业难等问题。从地区上看，北京、上海等发达地区人才需求较旺，且人才济济；而中西部地区由于工作和生活条件相对艰苦，虽然也有较大的用人需求，却往往招不到合适的人才。从学历及专业看，用人单位对学历高的毕业生需求高于学历低的毕业生需求，紧缺专业如计算机、通信、电子、土建、医药等科类的毕业生需求比长线专业如哲学、社会学、法学、经济学等科类的毕业生需求高。大学生就业的这种结构性矛盾最终往往导致“大学毕业生‘就业难’与用人单位‘招人难’并存”的尴尬局面。

大学生的就业问题不仅是高校面临的问题，也是整个社会经济发展需要解决的问题之一。毕业生就业本身是一个复杂的系统工程，它不仅与社会上就业岗位的数量及结构、国际经济的形势、社会整体职业价值观等息息相关，还与教育系统内部人才培养的方案、学生个人的理想与追求等紧密相连。

对于高校而言，如何引导大学生合理择业、充分就业，做好大学生职业生涯规划与就业指导教育，刻不容缓。大学生职业生涯规划教育关注大学生个体的职业生涯发展规划，旨在增强大学生的主体意识，帮助大学生解决好专业学习与职业定位、个人理想与社会责任、环境适应与自我原则等问题，引导大学生有针对性地提高自身能力与综合素质，实现个人成长与社会发展的良性互动。大学生职业生涯规划的意义不仅在于帮助大学生更好地解决就业问题，更是为大学生今后的整个职业生涯发展打好基础。

对个人而言，大学生应充分利用各种资源，主动积极地进行自我的职业生涯规划，认清自身的优势与劣势，理性地进行自我定位，了解社会需求，从而为将来的择业或创业之路尽早做好准备。

第一章 从高中到大学

本章重点

- 认识大学，了解大学的本质和职能
- 合理看待高考，学会为自己的选择负责
- 适应角色的转换，明确大学阶段的任务

案例导入

秦雪在上大学之前听过最多的一句话就是“到了大学就轻松了”。高考后，秦雪被北方一所外国语大学录取。大学报到的时候，独具外国语院校特色的迎新现场让她新奇不已；室友来自四个省份，大家介绍着自己的家乡，很快就熟悉了起来；开学不久，她就加入了一些学生组织和社团，每天跟着学长学姐参与学生活动，非常开心。军训之后，开始上课了，刚入学的新鲜感也一点点淡化，随之而来的是各种各样的问题：寝室的四个人生活习惯不同，时间一长开始有一些摩擦和矛盾；零起点学习一门新语言，她的发音总是不够标准；学生活动占用了她太多的时间，时间安排得十分被动；大学里没有午睡的安排，她经常在下午第一节课“战略性”补觉，听课质量不高；第一次在外地上学，花销很大，她经常缺钱。秦雪每天都忙忙碌碌，可是又不知道在忙些什么，第一次离家这么远的她就像进入了莫比乌斯之环，每天相同的场景不断重复，她感到越来越厌烦，却不知道该怎么办。

第一节　认识大学

十二年的辛苦一朝尘埃落定，很多大学生像秦雪一样，怀揣着大学录取通知书和对新生活的憧憬迈入了大学的校门。一切都是那么新奇，大如迷宫的校园、令人眼花缭乱的各类社团、热情接待新生的学长学姐……人生打开了新的篇章。每天的生活都很新鲜，很忙碌，军训、各级学生组织招新、上课，认识了很多新同学、新朋友，周末一起外出游玩，熟悉这座城市。但新鲜之后，很多新生开始迷茫，中学时代大家的目标统一，就是考一所理想的大学；而进入大学之后，目标又是什么呢？每个人的路似乎都是不同的，可怎样才能找寻适合自己发展的道路呢？

中学时代角色单一，学生的个性无法显现；到了大学之后，丰富的环境和自由的空间可以让学生充分张扬个性，发挥特长。自身因素和环境因素的交互作用使每名学生呈现不同的个体特征，同时促使学生们获得不同的发展方式。能够主动意识到这一点并充分发挥主观能动性，充分掌握和利用资源，做好人生规划，对学生的成长来说至关重要。

一、大学是什么

我国大学教育的理念是培养具有创新精神和实践能力的高级专门人才，发展科学、技术、文化，促进社会主义现代化建设。大学生要适应时代的需求，肩负历史使命，确立发展方向和发展目标，立志成为社会主义合格的建设者和接班人。

首先，通过大学学习，学生可以系统化学习和掌握一门专业知识，通过四年左右的时间，掌握这门专业的基础知识，拿到相关学位；其次，大学锻炼学生的团队合作、创新思维、人际沟通、时间管理等通用技能，为将来选择职业做准备；最后，大学阶段是人生发展的重要时期，是一个人人生观、世界观和价值观形成，道德意识形成、发展和成熟的重要阶段。

二、大学的职能

大学的职能是指为适应社会分工和发展需要所承担的社会任务。一般来说，大学的职能包含以下三个方面。

(一) 培养专门人才

高校的首要任务就是培养人才。2018年，全国教育大会上提出各级教育要“在坚定理想信念上下功夫，在厚植爱国主义情怀上下功夫，在加强品德修养上下功夫，在增长知识见识上下功夫，在培养奋斗精神上下功夫，在增强综合素质上下功夫”。大学的职能集中体现在培养什么人和怎样培养人上，大学是知识学习和道德修养的双重学习摇篮，其核心是培养人才。

一个国家的竞争，说到底就是人才的竞争。一个国家人才的质量和数量决定着这个国家科技水平的高低。当今世界，人才问题已经成为关系国家事业发展的关键问题，人才资源是国家最宝贵的财富，是社会主义现代化建设的第一资源。新加坡能够快速发展的一个重要原因就是把高等教育的发展、经济的发展和人才战略这几项要素有机地结合起来。

(二) 开展科学研究

技术发明和科学研究是大学的重要职能，能够对知识进行及时补充和更新。大学的研究活动在高等学校出现之初就存在，但发展科学知识的职能在19世纪初才产生，其标志是W.冯特・洪堡以“教学与研究统一”的原则创办柏林大学，19世纪末，将科学研究确定为大学职能才被广泛认可。

高层次大学已经或正在成为各国知识创新的中心和推动科技成果向现实生产力转化的重要力量。据统计，1940年至1981年，70%的诺贝尔奖成果是在一流大学中产生的。在当代社会，科学、技术、经济的发展特点和内在联系要求高层次大学的科学研究还要跨越学科之间的界线，跨越科学和技术之间的界线，甚至跨越大学和企业之间的界线。高层次大学应当在新经济的发展中扮演知识创新的中心、知识企业的孵化器、高新技术的辐射源和高新技术开发的智力支柱等多重角色。

(三) 为社会服务

大学服务社会的职能是通过人才培养和科学研究来实现的。社会服务工作大多是教学与科研活动的延伸，国外往往视之为学校推广工作。社会服务作为大学的一种职能，以美国“莫里哀法案”(1862年)的颁布为标志，至20世纪中期以后才普遍确立起来。服务国家、造福社会一直是我国大学的重要职能，特别是改革开放40年以来，我国大学引领科技创新，为社会培养了大量人才，为社会主义现代化事业做出了突出贡献。

三、中国近代大学的发展

1840年鸦片战争之后，西学渐入，中国涌现一批新式学堂。一般认为，1862年创设的京师同文馆是中国第一所按照西方教育模式建立的学校。该学校以培养从事洋务的翻译和外交人员为宗旨，早期设置的课程主要是外文与中文，后期陆续增设西方自然科学和社会科学的学科。这一时期的新式学堂主要包括三类：方言学堂，如京师同文馆；武备(军事)学堂，如福州船政学堂；科技学堂，如上海电报学堂。1895年创办的北洋大学堂是我国最早的工科大学，是天津大学的前身。1898年戊戌变法，京师大学堂(北京大学的前身)成立，这是中国近代第一所国立大学和综合大学。清华大学的前身是建立于1909年的“游美学务处”，1911年正式成立“清华学堂”，1928年改名为国立清华大学。

1922年，民国政府教育部颁布的《壬戌学制》即“学校系统改革案”标志着中国近代高等学校教育制度的基本成熟，中国大学开始了百年发展历史中第一次重要的转型。《壬戌学制》在高等教育方面的主要改革包括大学校与单科大学并立；废除大学预科；大学实行选科制；提高了师范教育的程度。1929年8月颁布的《大学规程》规定大学设立文、理、法、商、农、工、医、教育八个学院。具备三个学院以上须包含理学院，或农、工、医各学院之一的，才能称为“大学”；不符合这个条件的，称为独立学院。1948年，中国总计有国立大学32所，私立大学27所，国立独立学院22所，省立独立学院26所，私立独立学院31所；国立专科学校22所，省立专科学校36所，私立专科学校22所[①]。

中华人民共和国成立后，高等教育经历了数次调整。1952年，全国高等学校进行了大规模的院系调整。高等学校按照大学、专门学院、专科学校三类分别调整充实；综合性大学为培养科学研究人才及培养师资的高校；大学以系为教学行政单位；多办专门性的工学院；农学院集中合并；建好师范大学；严格按照教学计划所需系科设系。全国统一招生考试制度自1952年起正式形成，成立全国高等学校招生委员会，负责高考招生、录取等相关工作。

改革开放以后，以1985年《中共中央关于教育体制改革的决定》颁发为标志，中国大学开始了百年来的第三次重要转型发展，即以欧美高教模式为主，参照世界各国大学发展经验，走上自主探索、建设中国特色社会主义高等教育模式的道路。1995年正式启动的“211工程”是指面向21世纪，重点建设100所左右的高等学校和一批重点学科的建设工程。1999年启动的“985工程”是指党和国家在世纪之交为建设具有世界先进水平的一流大学而做出的重大决策。2015年8月18日，中央全面深化改革委员会会议审议通过《统筹推进世界一流大学和一流学科建设总体方案》，对新时期高等教育重点建设做出新部署，将“211工程”“985工程”及“优势学科创新平台”等重点建设项目，统一纳入世界一流大学和一流学科建设，简称“双一流”。建设世界一流大学和一流学科，是中共中央、国务院做出的重大战略决策，也是中国高等教育领域继“211工程”“985工程”之后的又一国家战略，有利于提升中国高等教育综合实力和国际竞争力，为实现“两个一百年”奋斗目标和中华民族实现伟大复兴的中国梦提供有力支柱。

---

① 刘敬坤，徐宏. 中国近代高等教育发展历程回顾(上)[J]. 东南大学学报(哲学社会科学版)，2004(01)：114-119，125.

小贴士

"双一流"名单

2017年9月21日，教育部、财政部、国家发展改革委联合发布《关于公布世界一流大学和一流学科建设高校及建设学科名单的通知》，正式确认公布世界一流大学和一流学科建设高校及建设学科名单，首批双一流建设高校共计140所，其中世界一流大学建设高校42所(A类36所，B类6所)，世界一流学科建设高校95所；双一流建设学科共计465个(其中自定学科44个)，如表1-1～表1-4所示。

表1-1　A类世界一流大学建设高校

北京大学	中国人民大学	清华大学	北京航空航天大学	北京理工大学
中国农业大学	北京师范大学	中央民族大学	南开大学	天津大学
大连理工大学	吉林大学	哈尔滨工业大学	复旦大学	同济大学
上海交通大学	华东师范大学	南京大学	东南大学	浙江大学
中国科学技术大学	厦门大学	山东大学	中国海洋大学	武汉大学
华中科技大学	中南大学	中山大学	华南理工大学	四川大学
重庆大学	电子科技大学	西安交通大学	西北工业大学	兰州大学
国防科技大学				

表1-2　B类世界一流大学建设高校

东北大学	郑州大学	湖南大学	云南大学	西北农林科技大学
新疆大学				

表1-3　世界一流学科建设高校

北京交通大学	北京工业大学	北京科技大学	北京化工大学	北京邮电大学
北京林业大学	北京协和医学院	北京中医药大学	首都师范大学	北京外国语大学
中国传媒大学	中央财经大学	对外经济贸易大学	外交学院	中国人民公安大学
北京体育大学	中央音乐学院	中国音乐学院	中央美术学院	中央戏剧学院
中国政法大学	天津工业大学	天津医科大学	天津中医药大学	华北电力大学
河北工业大学	太原理工大学	内蒙古大学	辽宁大学	大连海事大学
延边大学	东北师范大学	哈尔滨工程大学	东北农业大学	东北林业大学
华东理工大学	东华大学	上海海洋大学	上海中医药大学	上海外国语大学
上海财经大学	上海体育学院	上海音乐学院	上海大学	苏州大学
南京航空航天大学	南京理工大学	中国矿业大学	南京邮电大学	河海大学
江南大学	南京林业大学	南京信息工程大学	南京农业大学	南京中医药大学
中国药科大学	南京师范大学	中国美术学院	安徽大学	合肥工业大学
福州大学	南昌大学	河南大学	中国地质大学(武汉)	武汉理工大学
华中农业大学	华中师范大学	中南财经政法大学	湖南师范大学	暨南大学
广州中医药大学	华南师范大学	海南大学	广西大学	西南交通大学
西南石油大学	成都理工大学	四川农业大学	成都中医药大学	西南大学
西南财经大学	贵州大学	西藏大学	西北大学	西安电子科技大学
长安大学	陕西师范大学	青海大学	宁夏大学	石河子大学
中国石油大学(华东)	宁波大学	中国科学院大学	海军军医大学(第二军医大学)	空军军医大学(第四军医大学)

表1-4　双一流建设学科

北京大学	41个	哲学、理论经济学、应用经济学、法学、政治学、社会学、马克思主义理论、心理学、中国语言文学、外国语言文学、考古学、中国史、世界史、数学、物理学、化学、地理学、地球物理学、地质学、生物学、生态学、统计学、力学、材料科学与工程、电子科学与技术、控制科学与工程、计算机科学与技术、环境科学与工程、软件工程、基础医学、临床医学、口腔医学、公共卫生与预防医学、药学、护理学、艺术学理论、现代语言学、语言学、机械及航空航天和制造工程、商业与管理、社会政策与管理
中国人民大学	14个	哲学、理论经济学、应用经济学、法学、政治学、社会学、马克思主义理论、新闻传播学、中国史、统计学、工商管理、农林经济管理、公共管理、图书情报与档案管理
清华大学	34个	法学、政治学、马克思主义理论、数学、物理学、化学、生物学、力学、机械工程、仪器科学与技术、材料科学与工程、动力工程及工程热物理、电气工程、信息与通信工程、控制科学与工程、计算机科学与技术、建筑学、土木工程、水利工程、化学工程与技术、核科学与技术、环境科学与工程、生物医学工程、城乡规划学、风景园林学、软件工程、管理科学与工程、工商管理、公共管理、设计学、会计与金融、经济学和计量经济学、统计学与运筹学、现代语言学
北京交通大学	1个	系统科学
北京工业大学	1个	土木工程(自定)
北京航空航天大学	7个	力学、仪器科学与技术、材料科学与工程、控制科学与工程、计算机科学与技术、航空宇航科学与技术、软件工程
北京理工大学	3个	材料科学与工程、控制科学与工程、兵器科学与技术
北京科技大学	4个	科学技术史、材料科学与工程、冶金工程、矿业工程
北京化工大学	1个	化学工程与技术(自定)
北京邮电大学	2个	信息与通信工程、计算机科学与技术
中国农业大学	9个	生物学、农业工程、食品科学与工程、作物学、农业资源与环境、植物保护、畜牧学、兽医学、草学
北京林业大学	2个	风景园林学、林学
北京协和医学院	4个	生物学、生物医学工程、临床医学、药学
北京中医药大学	3个	中医学、中西医结合、中药学
北京师范大学	11个	教育学、心理学、中国语言文学、中国史、数学、地理学、系统科学、生态学、环境科学与工程、戏剧与影视学、语言学
首都师范大学	1个	数学
北京外国语大学	1个	外国语言文学
中国传媒大学	2个	新闻传播学、戏剧与影视学
中央财经大学	1个	应用经济学
对外经济贸易大学	1个	应用经济学(自定)
外交学院	1个	政治学(自定)
中国人民公安大学	1个	公安学(自定)
北京体育大学	1个	体育学
中央音乐学院	1个	音乐与舞蹈学
中国音乐学院	1个	音乐与舞蹈学(自定)

(续表)

中央美术学院	2个	美术学、设计学
中央戏剧学院	1个	戏剧与影视学
中央民族大学	1个	民族学
中国政法大学	1个	法学
南开大学	5个	世界史、数学、化学、统计学、材料科学与工程
天津大学	4个	化学、材料科学与工程、化学工程与技术、管理科学与工程
天津工业大学	1个	纺织科学与工程
天津医科大学	1个	临床医学(自定)
天津中医药大学	1个	中药学
华北电力大学	1个	电气工程(自定)
河北工业大学	1个	电气工程(自定)
太原理工大学	1个	化学工程与技术(自定)
内蒙古大学	1个	生物学(自定)
辽宁大学	1个	应用经济学(自定)
大连理工大学	2个	化学、工程
东北大学	1个	控制科学与工程
大连海事大学	1个	交通运输工程(自定)
吉林大学	5个	考古学、数学、物理学、化学、材料科学与工程
延边大学	1个	外国语言文学(自定)
东北师范大学	6个	马克思主义理论、世界史、数学、化学、统计学、材料科学与工程
哈尔滨工业大学	7个	力学、机械工程、材料科学与工程、控制科学与工程、计算机科学与技术、土木工程、环境科学与工程
哈尔滨工程大学	1个	船舶与海洋工程
东北农业大学	1个	畜牧学(自定)
东北林业大学	2个	林业工程、林学
复旦大学	17个	哲学、政治学、中国语言文学、中国史、数学、物理学、化学、生物学、生态学、材料科学与工程、环境科学与工程、基础医学、临床医学、中西医结合、药学、机械及航空航天和制造工程、现代语言学
同济大学	7个	建筑学、土木工程、测绘科学与技术、环境科学与工程、城乡规划学、风景园林学、艺术与设计
上海交通大学	17个	数学、化学、生物学、机械工程、材料科学与工程、信息与通信工程、控制科学与工程、计算机科学与技术、土木工程、化学工程与技术、船舶与海洋工程、基础医学、临床医学、口腔医学、药学、电子电气工程、商业与管理
华东理工大学	3个	化学、材料科学与工程、化学工程与技术
东华大学	1个	纺织科学与工程
上海海洋大学	1个	水产
上海中医药大学	2个	中医学、中药学
华东师范大学	3个	教育学、生态学、统计学
上海外国语大学	1个	外国语言文学
上海财经大学	1个	统计学
上海体育学院	1个	体育学

(续表)

上海音乐学院	1个	音乐与舞蹈学
上海大学	1个	机械工程(自定)
南京大学	15个	哲学、中国语言文学、外国语言文学、物理学、化学、天文学、大气科学、地质学、生物学、材料科学与工程、计算机科学与技术、化学工程与技术、矿业工程、环境科学与工程、图书情报与档案管理
苏州大学	1个	材料科学与工程(自定)
东南大学	11个	材料科学与工程、电子科学与技术、信息与通信工程、控制科学与工程、计算机科学与技术、建筑学、土木工程、交通运输工程、生物医学工程、风景园林学、艺术学理论
南京航空航天大学	1个	力学
南京理工大学	1个	兵器科学与技术
中国矿业大学	2个	安全科学与工程、矿业工程
南京邮电大学	1个	电子科学与技术
河海大学	2个	水利工程、环境科学与工程
江南大学	2个	轻工技术与工程、食品科学与工程
南京林业大学	1个	林业工程
南京信息工程大学	1个	大气科学
南京农业大学	2个	作物学、农业资源与环境
南京中医药大学	1个	中药学
中国药科大学	1个	中药学
南京师范大学	1个	地理学
浙江大学	18个	化学、生物学、生态学、机械工程、光学工程、材料科学与工程、电气工程、控制科学与工程、计算机科学与技术、农业工程、环境科学与工程、软件工程、园艺学、植物保护、基础医学、药学、管理科学与工程、农林经济管理
中国美术学院	1个	美术学
安徽大学	1个	材料科学与工程(自定)
中国科学技术大学	11个	数学、物理学、化学、天文学、地球物理学、生物学、科学技术史、材料科学与工程、计算机科学与技术、核科学与技术、安全科学与工程
合肥工业大学	1个	管理科学与工程(自定)
厦门大学	5个	化学、海洋科学、生物学、生态学、统计学
福州大学	1个	化学(自定)
南昌大学	1个	材料科学与工程
山东大学	2个	数学、化学
中国海洋大学	2个	海洋科学、水产
中国石油大学(华东)	2个	石油与天然气工程、地质资源与地质工程
郑州大学	3个	临床医学(自定)、材料科学与工程(自定)、化学(自定)
河南大学	1个	生物学
武汉大学	10个	理论经济学、法学、马克思主义理论、化学、地球物理学、生物学、测绘科学与技术、矿业工程、口腔医学、图书情报与档案管理
华中科技大学	8个	机械工程、光学工程、材料科学与工程、动力工程及工程热物理、电气工程、计算机科学与技术、基础医学、公共卫生与预防医学
中国地质大学(武汉)	2个	地质学、地质资源与地质工程

(续表)

武汉理工大学	1个	材料科学与工程
华中农业大学	5个	生物学、园艺学、畜牧学、兽医学、农林经济管理
华中师范大学	2个	政治学、中国语言文学
中南财经政法大学	1个	法学(自定)
湖南大学	2个	化学、机械工程
中南大学	4个	数学、材料科学与工程、冶金工程、矿业工程
湖南师范大学	1个	外国语言文学(自定)
中山大学	11个	哲学、数学、化学、生物学、生态学、材料科学与工程、电子科学与技术、基础医学、临床医学、药学、工商管理
暨南大学	1个	药学(自定)
华南理工大学	4个	化学、材料科学与工程、轻工技术与工程、农学
广州中医药大学	1个	中医学
华南师范大学	1个	物理学
海南大学	3个	作物学(自定)、信息与通信工程(自定)、法学(自定)
广西大学	1个	土木工程(自定)
四川大学	6个	数学、化学、材料科学与工程、基础医学、口腔医学、护理学
重庆大学	3个	机械工程(自定)、电气工程(自定)、土木工程(自定)
西南交通大学	1个	交通运输工程
电子科技大学	2个	电子科学与技术、信息与通信工程
西南石油大学	1个	石油与天然气工程
成都理工大学	1个	地质学
四川农业大学	1个	作物学(自定)
成都中医药大学	1个	中药学
西南大学	1个	生物学
西南财经大学	1个	应用经济学(自定)
贵州大学	1个	植物保护(自定)
云南大学	2个	民族学、生态学
西藏大学	1个	生态学(自定)
西北大学	1个	地质学
西安交通大学	8个	力学、机械工程、材料科学与工程、动力工程及工程热物理、电气工程、信息与通信工程、管理科学与工程、工商管理
西北工业大学	2个	机械工程、材料科学与工程
西安电子科技大学	2个	信息与通信工程、计算机科学与技术
长安大学	1个	交通运输工程(自定)
西北农林科技大学	1个	农学
陕西师范大学	1个	中国语言文学(自定)
兰州大学	4个	化学、大气科学、生态学、草学
青海大学	1个	生态学(自定)
宁夏大学	1个	化学工程与技术(自定)
新疆大学	3个	马克思主义理论(自定)、化学(自定)、计算机科学与技术(自定)
石河子大学	1个	化学工程与技术(自定)
中国矿业大学(北京)	2个	安全科学与工程、矿业工程

(续表)

中国石油大学(北京)	2个	石油与天然气工程、地质资源与地质工程
中国地质大学(北京)	2个	地质学、地质资源与地质工程
宁波大学	1个	力学
中国科学院大学	2个	化学、材料科学与工程
国防科技大学	5个	信息与通信工程、计算机科学与技术、航空宇航科学与技术、软件工程、管理科学与工程
海军军医大学(第二军医大学)	1个	基础医学
空军军医大学(第四军医大学)	1个	临床医学(自定)

注：1.不加(自定)标示的学科，是根据“双一流”建设专家委员会确定的标准而认定的学科；2.加(自定)标示的学科，是根据“双一流”建设专家委员会建议由高校自主确定的学科；3.高校建设方案中的自主建设学科按照专家委员会的咨询建议修改后由高校自行公布；4.名单排序以中华人民共和国教育部文件为准。

资料来源：百度百科[EB/OL]. https://baike.baidu.com/item/世界一流大学和一流学科/22135305?fr=Aladdin.

第二节　合理看待高考

在大学里有一种现象，部分中学时代的学霸到了大学之后学业成绩却一塌糊涂，学业频繁亮起红灯，有的学生甚至被劝退。究其原因有两点，一方面是学生进入大学之后缺失目标，学习动力不足；另一方面是学生自控力差。除了这两点主观上的原因，学生还经常把学业成绩不好归咎于客观因素，比如“高考发挥得不好，成绩不理想，所以才来到这所学校”“这个专业是我爸妈选的，我压根就不喜欢，学不好也不能赖我”……在生涯发展中，客观因素往往是不可控的，可控的只有我们自身而已。大学生要合理看待高考，端正心态，顺利适应大学生活。

一、从来就没有什么发挥不好

我国现行的高考制度考试时间为每年6月初，差不多是最热的月份；考场的安排也是跨区域的，不同学校、不同班级的考生随机安排在一个考场，还有那么多的监考老师和巡考老师。高考是难度非常大的考试，这样的安排似乎不利于考生发挥。但从高考制度的本源来说，高考是用来选拔人才的。在实际工作中，能力的发挥同样受客观环境限制，不会有那么舒服的温度、熟悉的环境，让你能够发挥出自己的最高水平；更多的是在身体素质、心理素质的双重挑战下考验一个人各项能力的掌握和应用程度。从生涯发展的角度来说，“当下的一切都是在为下一个阶段做准备”，所以高考其实是学生步入职场的第一道考验。

能力发展的4个阶段分别为“无意识无能力”“有意识无能力”“有意识有能力”“无意识有能力”(见图1-1)。在“有意识有能力”也就是对能力的掌握不够熟练的时候，我们对客观环境的要求会比较高，我们都有这样的体验，对于你掌握不太好的知识点，在安静、熟悉的环境中会发挥得比较好。能力的最高阶段是“无意识有能力”，也就是自动化输出，这个阶段对客观环境的要求就没那么高。比如跳舞的时候，当你非常熟练之后，动作就会很连贯，不需要考虑下一个动作是什么，即使在比赛中，也能流畅地跳出来。很多学霸无论环境如何，都能够发挥很好，其实就是知识的掌握达到了自动化输出的程度。而达到这个程度也没有什么捷径可走，就是反复练习，直至熟练，就像卖油翁说的“无他，惟手熟尔”。所以，从来没有什么发挥不好，只是练得不够熟练而已。

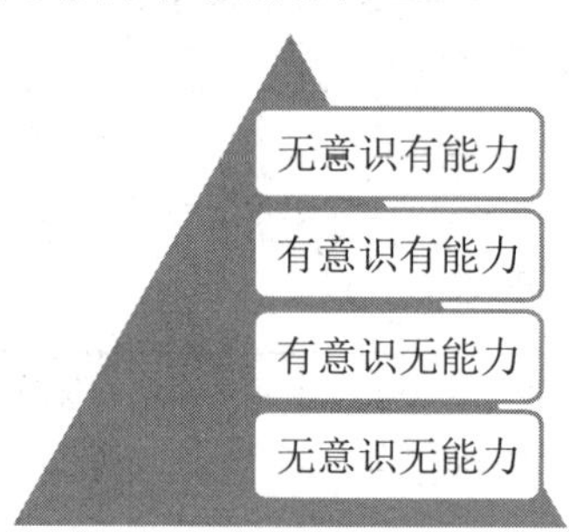

图1-1　能力发展的4个阶段

二、成长必修课——为自己的选择负责

高考之后，填报志愿是横亘在考生和家长面前的又一道难题。高考分数出来之后，几家欢喜几家愁，填报志愿的核心其实就是如何在分数可及的范围内选择一所理想的学校和专业。这里其实就用到了生涯规划的经典理论——特质-因素理论。

职业指导之父帕森斯1909年在《选择一个职业》这本书中提到职业设计的三要素模式：

其一，每个人都要清清楚楚地了解自己，包括自己的能力倾向、能力、雄心、资源及限制，以及这些特质的成因；

其二，要明明白白地知道各种工作成功所必须具备的条件和要求、优点与缺点、待遇、就业机会与发展前途；

其三，要实实在在地推论以上两组事实之间的相关情形。

特质-因素理论又称人职匹配理论，这个理论百年来经久不衰。其中，三要素模式被认为是职业设计的“至理名言”，并得到不断地发展和完善，将这三点提炼合并之后可以用下面公式来表示(见图1-2)。

图1-2　特质-因素论公式

高考填报志愿的原理就是这个理论的进阶版(见图1-3)。

图1-3　高考志愿填报公式

高考填报志愿时，学生需要清清楚楚地了解自己，明明白白地了解学校信息，然后考虑两者之间的匹配，选择理想的学校和专业。有的同学没有充分了解信息，自然也无法合理选择学校和专业，进入大学之后觉得专业和学校不理想，就把责任推到其他人身上。而在这个信息爆炸的时代，最不缺的就是信息，学生要学会搜寻分析信息，做出合理的选择。从生涯发展的角度来说，不选择也是一种选择；能够为自己的这种选择负责，是一个人生涯发展成熟的表现。人生成长的第一堂必修课就是要学会为自己的选择负责。

大学四年是人的一生之中非常珍贵的四年，是自我升华的舞台，是个体从幼稚走向成熟的转折点，是精神成长的关键时期。大学阶段，你可以收获知识，开拓视野，得到友谊。不要拿高考发挥得不好、专业选择得不理想作为不好好学习的借口，否则，大学四年你都会因为这些理由浑浑噩噩地度过。合理地看待高考，端正心态，你会有收获满满的四年。不虚当下也就不惧未来。

练习1-1

两人一组，分享你的高考故事，以及高考带给你的收获和体会。

小贴士

北大原校长王恩哥送给大学生的十句话

第一句，结交“两个朋友”：一个是运动场，一个是图书馆。不断地“充电”“蓄电”“放电”。

第二句，培养“两种功夫”：一个是本分，一个是本事。做人靠本分，做事靠本事，靠“两本”起家靠得住。

第三句，乐于吃“两样东西”：一个是吃亏，一个是吃苦。做人不怕吃亏，做事不怕吃苦。吃亏是福，吃苦是福。

第四句，具备“两种力量”：一种是思想的力量，一种是利剑的力量。但思想的力量往往战胜利剑的力量。一个人的思想有多远，他就有可能走多远。

第五句，追求“两个一致”：一个是兴趣与事业一致，一个是爱情与婚姻一致。兴趣与事业一致，就能使你的潜力得以最大限度地发挥。恩格斯说，婚姻要以爱情为基础。没有爱情的婚姻是不道德的婚姻，也不会是牢固的婚姻。

第六句，插上“两个翅膀”：一个叫理想，一个叫毅力。如果一个人有了这“两个翅膀”，他就能飞得高，飞得远。

第七句，构建“两个支柱”：一个是科学，一个是人文。

第八句，配备两个“保健医生”：一个叫运动，一个叫乐观。运动使你生理健康，乐观使你心理健康。日行万步路，夜读十页书。

第九句，记住“两个秘诀”：一个是健康的秘诀在早上，一个是成功的秘诀在晚上。爱因斯坦说过：“人的差异在于业余时间。”业余时间能成就一个人，也能毁灭一个人。

第十句，追求“两个极致”：一个是把自身的潜力发挥到极致，一个是把自己的寿命健康延长到极致。

资料来源：百度文库[EB/OL]. https://wenku.baidu.com/view/cfe6d42deef9aef8941ea76e58fafab069dc44ad.html#.

第三节　如何适应大学生活

很多大学新生发现，经过高考的筛选，大学班级里同学的成绩不相上下，自己曾经引以为傲的学习成绩不再是优秀的唯一标准，陌生的环境和人际关系让第一次离家过集体生活的大学生不那么适应，曾经向往的大学生活并不如想象中的那样美好。此时，大学新生要及时调整好自己的心态，从高中生的角色转变为大学生的角色，尽快适应大学生活。

一、舒伯职业生涯发展理论——理解大学生角色的转换

20世纪50年代，美国学者舒伯受到前人理论的启发，在差异心理学、发展心理学以及自我概念理论的基础上建构了生涯发展理论。20世纪80年代，舒伯又加入了角色理论。由生涯发展阶段和角色彼此间的相互影响，描绘出一个多重角色生涯发展的综合图形，称为“生涯彩虹图”(见图1-4)。

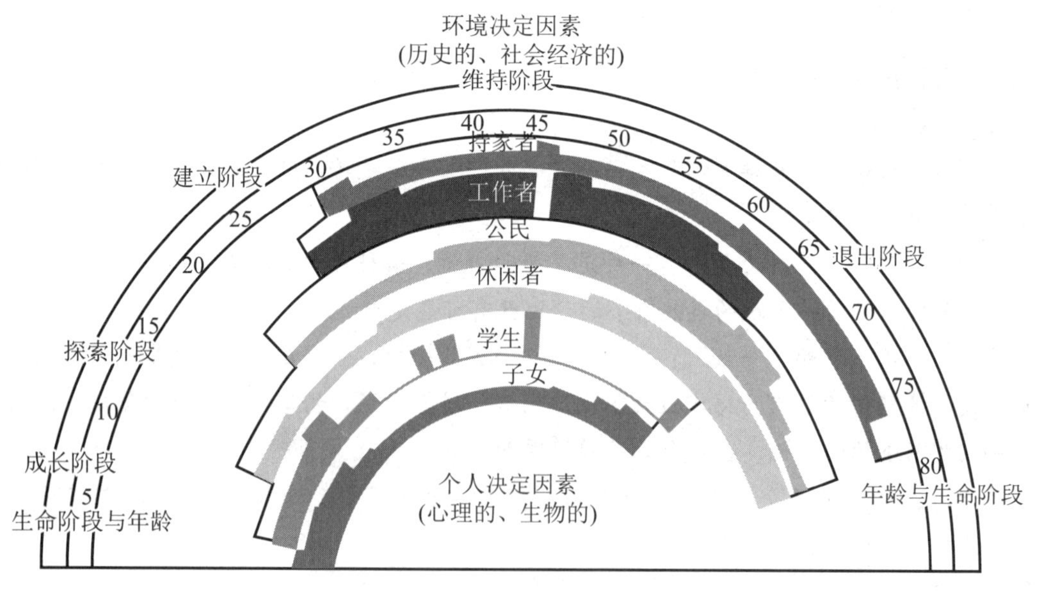

图1-4　生涯彩虹图

1. 生涯长度

生涯彩虹图第一个层面代表的是横跨一生的生活广度，又称为“大周期”。彩虹的外围显示人生主要的发展阶段和大致估算的年龄，分别是成长阶段(约相当于儿童期)；探索阶段(约相当于青春期)；建立阶段(约相当于成人前期)；维持阶段(约相当于中年期)；退出阶段

(约相当于老年期)，每个阶段都有其特定的生涯任务。从成长、建立、探索、维持到退出，这一连串纵贯式的生命全期发展，标记着一个人生涯成熟的程度[1]。生涯成熟是指一个人在不同的生涯发展阶段，对生涯发展任务的准备程度。前一个阶段的生涯成熟度对下一个阶段的发展会产生直接影响，所以生涯长度可以总结为“当下的一切都是在为下一个阶段做准备”。

大学阶段属于探索阶段，大学生要从学校学习、休闲活动以及实践工作中进行自我考察、角色定位，并进行职业探索，完成择业及初步就业，为下一个阶段(建立阶段)打好基础，做好准备。

2. 生涯广度

生涯彩虹图的第二个层面代表的是纵贯上下的生活空间，由一组职位和角色组成。不管一个人是否愿意，人的一生必须在不同的舞台上扮演不同的角色。舒伯认为人的一生至少扮演9种主要的角色，不同角色的交互影响，塑造出个人独特的生涯模式。一个角色的成功可能带动其他角色的成功；反之亦然。不过舒伯进一步指出，为了某一个角色的成功付出太大的代价，也有可能导致其他角色的失败。因此要平衡好你的各个角色，生涯广度可以总结为“角色平衡是一种生涯成熟的表现”。

从生涯广度的角度来说，从高中到大学意味着角色的增加：学生、子女、朋友、学生干部、实习生、情侣……如何扮演好每一个生涯角色是新生适应大学生活的一项重要课题。

3. 生涯宽度

生涯彩虹图中的每个弧形代表了人生中的某个角色，弧形中的阴影部分越多，就表示你在对应时期投入的精力越多，这个角色也就越重要，因此每个阶段都有突显的角色组合出现。在成长阶段，突显的角色是儿童；在探索阶段突显的角色是学生；在建立阶段突显的角色是家长和工作者；在维持阶段突显的角色是工作者。而图1-4所示，主人公在45岁左右工作者的角色中断，学生的角色分量增加，公民、持家者的角色都有不同程度的增加，说明在这个阶段他暂时中断了工作，进行充电、为家庭服务等。角色突显的组合可以使我们看出一个人在生涯发展过程中，工作、家事、休闲、学习研究及社会活动对个人的重要程度，以及各种角色在不同发展阶段所具有的特殊意义。

从生涯宽度的角度来说，新生适应大学生活就是要清楚大学阶段各个角色赋予的任务，明确这些任务对自身的重要程度，做好时间任务管理，充分利用大学时光，学习本领，锻炼能力。

练习1-2

在图1-5中，描绘你的“生涯彩虹图”，想一想你目前的角色包括哪些？你每天的时间都是如何分配的？

---

① 金树人. 生涯咨询与辅导[M]. 北京：高等教育出版社，2007.

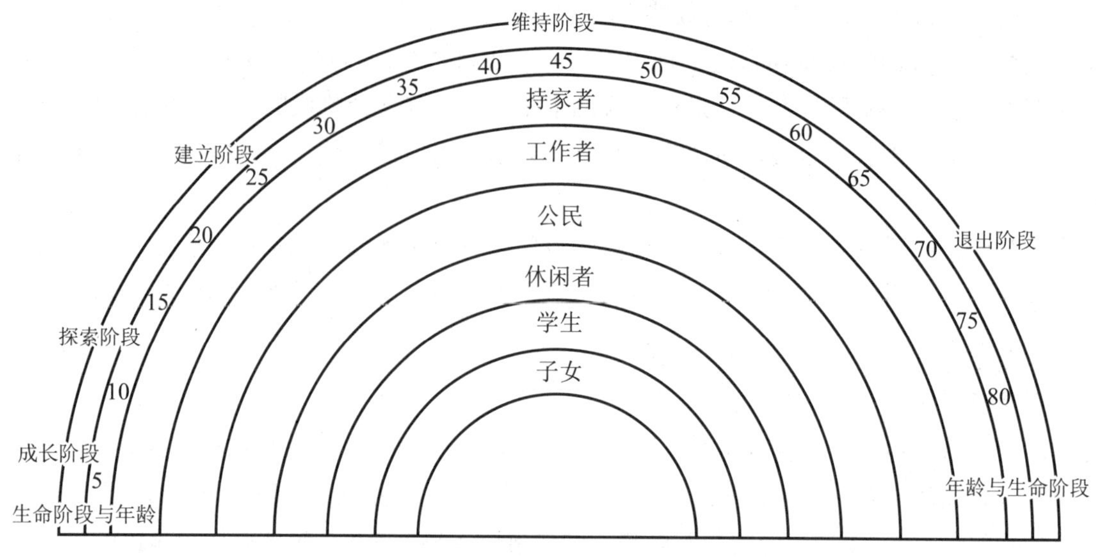

图1-5 描绘你的“生涯彩虹图”

二、生涯九宫格——明确大学阶段的主要任务

著名生涯规划大师金树人教授对“生涯彩虹图”的横截面进行分析后，提出了“生涯九宫格”的概念(见表1-5)。这个表格可以协助大学生明确大学阶段的角色和主要任务。大学期间，每个人都有九种角色，对应了九门“必修课”，这九门“必修课”都能修好，大学生涯才能呈现彩虹般的绚烂。

“生涯九宫格”可以用来对大学生活现状进行自我总结评估，也可以用来作为大学生活下个阶段的规划与安排。

表1-5的第一行的三项分别为“学习进修”“职业发展”和“人际交往”。大学生在大学阶段的主要任务就是系统化地学习一门专业知识，明确将来的职业发展方向，学会人际沟通和交往，也就是“做人、做事、做学问”。这三件事是一个大学生在大学期间的基本任务，只有这三项评估分数都达到60分以上，你的生涯发展现状评分才能达到“合格级别”。中间一行分别是“个人情感”“身心健康”和“休闲娱乐”。大学生要学会处理个人情感和亲密关系，锻炼身体和心理素质，同时也要学会休闲放松、劳逸结合，为下个阶段做准备。这三项评估分数也达到及格以上的标准，你的生涯发展现状评分可以达到“优秀级别”。最后一行是“经济财富”“家庭生活”和“社会服务”。大学生学会管理自己的奖助学金和生活费；接纳自己的原生家庭，与父母保持联系；积极参加社会活动，用自己的知识和能力服务社会。如果表格中的九项评估分数都达到及格以上，说明你在大学期间兼顾了这九个角色，处理好这九个角色的生涯发展任务，那么你的大学阶段的生涯发展现状就可以评为“卓越级别”。

表1-5　生涯九宫格

学习进修：____分	职业发展：____分	人际交往：____分
(1)你的学习任务有哪些？ (2)基于未来的就业要求，你还需要学习什么？ (3)你的学习习惯怎样？ (4)今年你有哪些学习计划？	(1)你理想的工作是什么？ (2)这类工作的用人要求是什么？ (3)你需要为此做哪些准备？ (4)你的行动计划是什么？	(1)你如何看待人际关系的重要性？ (2)你的人际交往能力怎样？ (3)你还需要在哪些方面进行提高？
个人情感：____分	身心健康：____分	休闲娱乐：____分
(1)你如何看待亲密关系？ (2)友情、爱情等对你来说意味着什么？ (3)你是如何建立并维护亲密关系的？	(1)你是否拥有锻炼身体的习惯？ (2)你是怎样调整自己的情绪的？ (3)怎样让自己保持良好的身心状态？	(1)你有哪些兴趣爱好？ (2)这些兴趣爱好可以为你带来哪些价值？ (3)哪些兴趣将有可能转换为职业？
经济财富：____分	家庭生活：____分	社会服务：____分
(1)你的理财能力如何？ (2)财富在你未来的职业发展中有什么样的意义？ (3)你是否有意识地为自己增加一些收入？	(1)你和家人的关系怎样？ (2)未来，你期待的家庭生活是怎样的？ (3)你如何看待家庭环境对你个人发展的影响？	(1)你是否参加过一些公益活动？ (2)你如何看待一个大学生的社会责任？ (3)未来，你希望为社会做出哪些贡献？

练习1-3

(1) 请对表1-5中每一格里的问题进行自评，看一看自己当下的大学生涯发展评估结果是“合格”“优秀”还是“卓越”？

(2) 请结合个人大学生活目标，用“生涯九宫格”，为自己的大学生活制订行动计划。

(3) 在填写生涯九宫格的过程中，你有怎样的发现、感受与思考？

小贴士

大学期间应该学会的十件事

很多同学进入大学后，由于环境的变化、压力的消失，人一下子变得迷茫起来，失去了前进的动力。这个时候，你就需要迅速调整自己，适应新的环境，树立新的方向。因此，大学期间你应该学会如下十件事。

1. 树立目标，规划大学生活

一个人不可能在所有的方面都获得成功，这时就需要树立属于自己的真正目标，规划自己的大学生活。唯有如此，才能在面对纷繁的世界时做出选择和判断，永远追随自己的目标。

2. 学会交流，推销自我

交流的过程实际上就是“推销自我，展示自我，获得认可”的过程。学会交流已经成为人们必备的基本素质，无论是身在大学还是将来走向社会。

3. 学会做事，提高效率

效率很重要，但效果更重要。正确做事很重要，但更重要的是做正确的事。学会“正确地做事”和“做正确的事”，提高工作学习的效率和效果。

4. 学好英语，练好口语

英语是职场的通行证，某种意义上，英语就是成功的砝码。

5. 学会读书，多读好书

书，谁都会读，但关键是如何读，读什么书。回顾我们的读书生涯，大多是“走马观花”，浅尝辄止。在书籍泛滥的年代，我们缺乏古人“头悬梁，锥刺股”的读书精神，习惯于读书“从厚到薄”，却忽略了“由薄到厚”的基本功。

6. 提出问题，解决问题

平时我们在与人交谈中，常常会觉得某某人很有思想，谈吐不凡，其实这是他掌握了“提出问题、解决问题的方法”。

7. 学会时间管理，掌控时间

时间对于我们的重要性，想必每个人都知道。学会时间管理，有效掌控时间，才能保证大学生涯不虚度。

8. 学会减压，自我调节

做事不可能一蹴而就，难免会遇到失败和挫折。这个时候，我们就需要适当调节自我，从容应对压力。

9. 学会勤劳，积极进取

一分耕耘，一分收获。只有付出辛劳的汗水，才能够收获甜蜜的果实。只有不断进取，不断追求，才能真正发挥主体精神，走上成功之路。无数事实告诉我们，要想取得一些成绩，必须要有进取心；同样，有进取心，才可能走向成功。

10. 学会执行，重在行动

不要做思想上的巨人、行动上的矮子。一个人“想到”是一回事，“做到”却是另一回事，思想决定行为，而行为决定结果。

资料来源：百度文库[EB/OL]. https://wenku.baidu.com/view/8f9e800d7cd184254b353588.html.

大学与职业生涯规划

本章重点

- 了解什么是生涯、职业生涯、职业生涯规划
- 职业生涯规划的意义和步骤
- 明确大学阶段的职业生涯任务

案例导入

小荣从步入大学校园的第一天就下定决心要度过一个有意义的大学生活，决不能荒废大学四年时光。刚步入大学校园，她有些不知所措，不知道该干什么。没有人管她是否上自习了，也没有人管哪个时间应该干什么……在这样的日子里，她开始撒欢地玩。大一一年大多数时间都在放松自己，所以她的成绩很不理想。大二时，她开始羡慕自主学习的同学，觉得她们的生活每天都很充实，每天都有收获，而且拿到奖学金还能够减轻家里的负担。所以大二一年她开始每天努力学习，不断提升自己的专业能力，以优秀的成绩通过了专业水平测试，还获得了校综合奖学金。大三时，小荣担任了班长，不仅学习没有落后，班级工作也开展得有声有色，最终她获得了国家励志奖学金和“校优秀学生干部”的荣誉称号。

回首逝去的时光，她发现自己有很多的收获。在这四年里，她认真学习，取得了优秀的专业成绩；担任学生干部，开展学生工作，提升了自己的人际交往和沟通协调能力；学会了管理自己的生活费……大学的经历教会她坚持、勇敢、坦荡、乐观，使她从一个懵懂少年蜕变成一个有着明确目标和理想的知识青年。

第一节　生涯、职业生涯与职业生涯规划

高考“分类考试、综合评价、多元录取”的模式使教育回归本质，更加重视学生的生涯发展，其根本是让学生具备终身学习的发展能力，让学生整个生涯全面系统健康地发展。高中阶段，很多学校已经开设了职业生涯规划课程，学生有了初步的生涯规划意识；大学阶段，学校要做好职业生涯规划的衔接，使学生从长远角度看待生涯发展问题，实现终生发展。

一、生涯

(一) 生涯的含义

生涯(Career)一词来源于古罗马语，指古代的战车。在西方人的概念中，“战车”意味着猛冲，全力以赴，包含疯狂竞赛的精神，隐含有“未知、冒险、奋进和向上”四层含义。未来的一切都是不确定的，无论是时间、空间，还是环境，都隐藏着很多未知的事物；既然一切未知，那么人们的决策和行动都是在探索，在冒险，就好比战车驰骋疆场，胜负与否都是未知的；即使是这样，上了战场，就要全力以赴，正所谓“狭路相逢勇者胜”。我们凡事都要做最充分的准备，做最坏的打算。

在中国，“生”字始见于甲骨文[见图2-1(a)]，本意为草木破土萌发，指出生、生长、生命；“涯”字始见于篆文[见图2-1(b)]，指水边，泛指边际、范围等。古人把“生涯”视为

“人生的极限”，例如，“吾生也有涯，而知也无涯”“生涯本漫漫，神理暂超超”“将尽生涯，无复雄飞之想”等，这里的“生涯”都含有边际、限度的意思。

图2-1 “生”的甲骨文和“涯”的篆文

目前在生涯发展方面，大多数学者都比较认可舒伯的观点。舒伯认为，“生涯”一词，确定并阐述了个体所涉及的各种角色、所处的各种环境以及在他们生活中所经历的各种有计划或者非计划的事件。生涯是生活里各种事态的连续演进方向；它统合了人一生中依序发展的各种职业和生活角色。从舒伯的观点里，我们可以提取出三个关键词 “角色”“环境”和“事件”(见图2-2)。

图2-2 生涯三要素

当我们明确了自己的角色，知道自己是谁、身上肩负着哪些角色，了解环境对我们有哪些期待之后，就能合理应对生活中的每一个有计划或者非计划的事件。所以学者Maanen和Schein于1977年提出，生涯之学，即应变之学。

(二) 生涯的特点

“生涯”本身具有丰富的内涵与范围，金树人总结其特征为以下几点。

1. 方向性

生涯是生活中各种事态的连续演进方向。一个人一生的生涯发展宛如大海里的航道，虽然看不见，但仍然有迹可循，也许是你的兴趣或者能力，也许是自我实现，这些因素都引导着你的生涯方向。

2. 时间性

生涯的发展是一生当中连续不断的过程。个体的每一段生涯发展历程都受之前历程的影响，同时也在影响着下一段历程，比如教师生涯就是由助教、讲师到教授这样一个历程。

3. 空间性

生涯是以事业的角色为主轴，也包括了其他与工作有关的角色。比如一个人在大学阶段的主要角色是学生，“三十而立”的时候，其角色就包含工作者、持家者、公民等。

4. 独特性

每个人的生涯发展都是独一无二的。不同的人可能会有相似的生涯发展，但是每个人的生涯发展都是独特的，因为人们在同一个角色中的表现不会完全相同。

5. 现象性

只有在个人寻求生涯的时候，生涯才存在。生涯不等于生命，生命是客观的存在，生涯却是主观的存在。当一个人开始思考自己的未来，生涯才开始出现。

6. 主动性

人是生涯的主动塑造者。环境会影响个人的生涯发展。心理学研究发现，人不是被动地受环境制约，而是能主动地去思考、去计划，进而改变环境、创造环境。

练习2-1

完成图2-3的“生命线”绘制练习。

(1) 图中横轴的长度代表你可能的生命长度，想一想，你期待自己活到多少岁？那时候的你是谁？你在哪里？你是一个什么样的人？

(2) 在生命线上找到你现在的年龄点，然后标出从出生到现在的成长中重大事件的年龄点。这些你生命中的重大事件哪些成为你的正向经验，哪些是负向经验？

(3) 图2-3中纵轴代表这些重大事件带给你的影响程度。这些经历是否把你的过往生涯分成了几个阶段？这些生涯故事及生涯阶段对现在的你及你的生涯有什么样的影响？

图2-3　“生命线”绘制练习

二、职业生涯

(一) 职业

职业是参与社会分工，利用专门的知识和技能，为社会创造物质财富和精神财富，获取合理报酬，作为物质生活来源，并满足精神需求的工作。

(二) 职业生涯

根据中国职业规划师协会定义，职业生涯是指人的一生中的职业历程，是以心理开发、生理开发、智力开发、技能开发、伦理开发等人的潜能开发为基础，以工作内容的确定和变化，工作业绩的评价，工资待遇、职称、职务的变动为标准，以满足需求为目标的工作经历和内心体验的经历。

(三) 外职业生涯和内职业生涯

外职业生涯是指从事职业时的工作单位、工作时间、工作地点、工作内容、工作职务与职称、工作环境、工资待遇等因素的组合及其变化过程。它是依赖于内职业生涯的发展而增长的。内职业生涯是指从事一种职业时的知识、观念、经验、能力、心理素质、内心感受等因素的组合及其变化过程。它是别人无法替代和窃取的人生财富。

内职业生涯是外职业生涯发展的前提，内职业生涯的发展会带动外职业生涯的发展，外职业生涯的发展也会促进内职业生涯的发展。内职业生涯的发展是以外职业生涯的发展或成果来展示的，内职业生涯的匮乏通过外职业生涯的停滞或失败来呈现①。

小贴士

明尼苏达工作适应论

明尼苏达工作适应论是罗圭斯特(Lofquist)戴维斯(Dawis)于1964年提出的。该理论强调人境符合，认为：选择职业或生涯发展固然重要，但就业后的适应问题更值得注意；每个人都会努力寻求个人与环境之间的适配性，当工作环境能满足个人的需求，个人也能满足工作的技能要求时，个人在该工作领域才能取得长足发展。

明尼苏达工作适应论划定了两个核心概念——组织满意度和个人满意度。

当个人的技能能够满足组织的要求时，会被留任、调岗或者是升迁；但若个人技能无法满足组织的要求，则会被解雇。也就是说，组织满意度决定了一个人的职位、级别、工资待遇等，直接决定了个人的外职业生涯。外职业生涯具有三个特性：其一，不可控，组织的标准不可控，会随时变化；其二，不等偿，个人的付出和组织的回报之间未必等偿；其三，依赖性，个人脱离组织之后，外职业生涯就没有意义了。

当组织能够满足个人在精神或者物质方面的需要时，个人会留职；反之，则会辞职。个人满意度决定了从事某种职业时的知识、观念、能力等，即人的内职业生涯。内职业生涯同样具有三个特点：其一，可控，是走是留，个人说了算；其二，等偿，付出多少就有多少回报；其三，独立自主。

通过组织满意度和个人满意度，我们可以发现个人依靠技能满足工作要求，组织通过满足人的需求来留住人。这其实也符合帕森斯的特质-因素理论，个人的特质要与环境相匹配。从明尼苏达工作适应论我们可以得出：快乐的法宝就是对内要不断提高自己的能力，对外要调整自己的不合理期待，可以用“快乐公式”来总结：

快乐=能力-期待

练习2-2

进入大学以来，发生了哪些以前不曾经历过的事情？试着跟小组内的同学一起用“快乐公式”进行解读，与同学分享。

---

① 包昆锦. 个体内、外生涯互动关系的个案研究[O]. 上海：华东师范大学，2007：100-122.

(四) 职业生涯的发展阶段

施恩(Schein)等人从个人的角度出发，将职业生涯划分为十个阶段(见图2-4)。

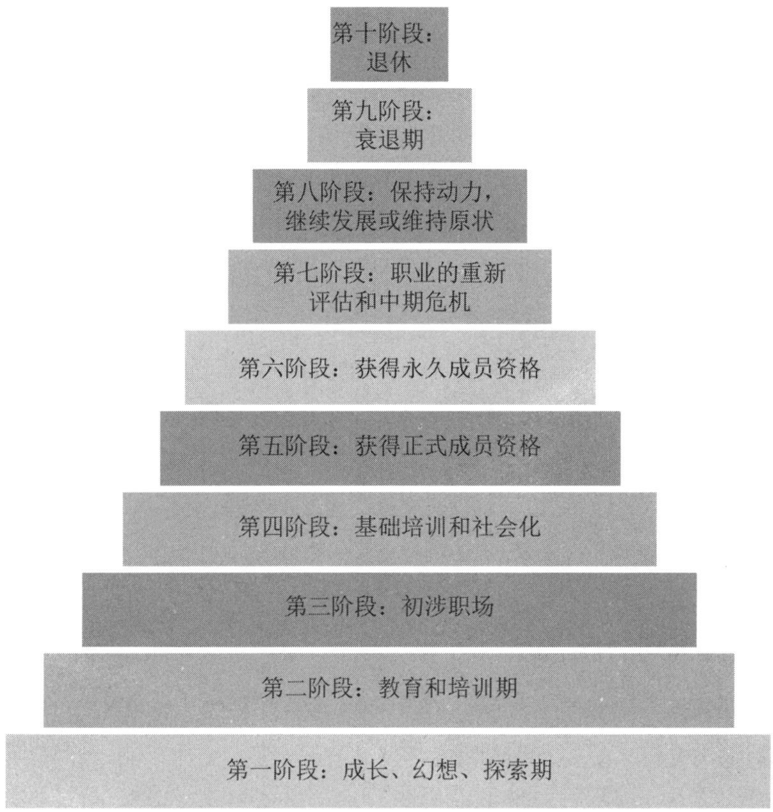

第十阶段：退休

第九阶段：衰退期

第八阶段：保持动力，继续发展或维持原状

第七阶段：职业的重新评估和中期危机

第六阶段：获得永久成员资格

第五阶段：获得正式成员资格

第四阶段：基础培训和社会化

第三阶段：初涉职场

第二阶段：教育和培训期

第一阶段：成长、幻想、探索期

图2-4　职业生涯的十个阶段

第一阶段：成长、幻想、探索期。在童年期和青春早期，人们对职业的理解还非常模糊，小时候经常会被问及“你长大后想做什么？”

第二阶段：教育和培训期。我国现行的是九年义务教育，有的学生在初中毕业之后直接步入工作岗位，也有的继续学习。职业的不同，教育培训的时间和内容也会不同。对于部分特殊职业如医生，需要在职业早期就做出决策，才能储备到足够的知识进入这个行业。

第三阶段：初涉职场。大部分人在初涉职场的时候都需要进行自我调整，因为实际工作中的部分内容在前期的教育和培训阶段很少能够接触到。从这个阶段开始，人们才会真正做到自主学习，并在实际工作中检验自己的能力和价值观，逐渐形成对职业的自我认知。

第四阶段：基础培训和社会化。这个阶段的长度和强度取决于组织、工作复杂度、公司对新员工培训的重视程度以及职位所承担的责任等各种因素。一般来说，责任越大的岗位，社会化需要的时间越长，培训的强度越大。

第五阶段：获得正式成员资格。在这个阶段，作为组织成员或从事某个职业的自我形象开始形成。人们要对工作中的各种难题和挑战做出回应，人们的价值观在这个应对挑战的过程中逐渐清晰，人们的自我认知也越来越深入。

第六阶段：获得永久成员资格。新职业开始的五到十年内，大多数的组织或机构会决定并告诉雇员是否可以在组织内永久工作，当然可能会有一些附加条款。

第七阶段：职业的重新评估和中期危机。大量的证据表明，多数人在职业发展有所成就的时间会重新评价自己，明确职业目标和愿景，做出职业改变。

第八阶段：保持动力，继续发展或维持原状。通过对职业的重新评估和深入探索，明确个人的职业发展道路和方向，确定自己的职业发展方案。

第九阶段：衰退期。开始考虑并为退休做准备，当然也有人拒绝面对退休的事实，继续工作。

第十阶段：退休。无论是否做好了退休的准备，人们都不得不面对退休的事实，并进行必要的身体和心理调整。

施恩等学者认为，上述的每个职业发展阶段的时间可长可短，也可能重复发生。职业发展阶段不会受到时代或潮流的影响，与年龄有一定的内在关系，但这种关系随着职业的不同而变化。

三、职业生涯规划

(一) 职业生涯规划的概念

职业生涯规划又称为职业生涯设计，是指个人与组织相结合，在对一个人职业生涯的主客观条件进行测定、分析、总结的基础上，对自己的兴趣、爱好、能力、特点进行综合分析与权衡，结合时代特点，根据自己的职业倾向，确定最佳的职业奋斗目标，并为实现这一目标做出行之有效的安排。

职业生涯规划绝对不是简单地找工作，是协助人们明确真实自我和人们所处的客观环境，根据这些主客观条件确立合理可行的职业目标，并围绕这个职业积极开展探索行动，从而使职业顺利发展，获得最大程度的成功。

简单地说，职业生涯规划就是知己、知彼、决策、行动。

知己，就是要明确“我是谁”。这里的“我”是指客观的自我认知，我们可以通过正式评估和非正式评估来明确自己的兴趣、性格、技能和价值观，并由此得出职业自我概念。

知彼，就是要明确“我在哪”。一方面要对自身所处的客观环境进行有效认知，包括社会环境、经济环境、学校环境、家庭环境等；另一方面要对准备从事的职业和所在行业的发展趋势、需求状况等组织信息进行有效掌握，包括组织环境、典型工作状态和晋升通道等。

决策，就是要明确“我要去哪”。在“知己”“知彼”的基础上，权衡利弊，理性决策，确立职业目标和发展方向。

行动，就是要明确“我如何去”。目标的实现需要付出实际行动，“生涯”就是朝向未来去冒险，通过有效行动，为未来的职业方向锻炼能力，做出我们最充分的准备。

(二) 职业生涯规划的意义

人的一生大部分精力都用在工作上。根据马斯洛需求层次理论(见图2-5)，人的最高需要是自我实现，而职业生涯的成功是绝大多数人自我实现的方式。

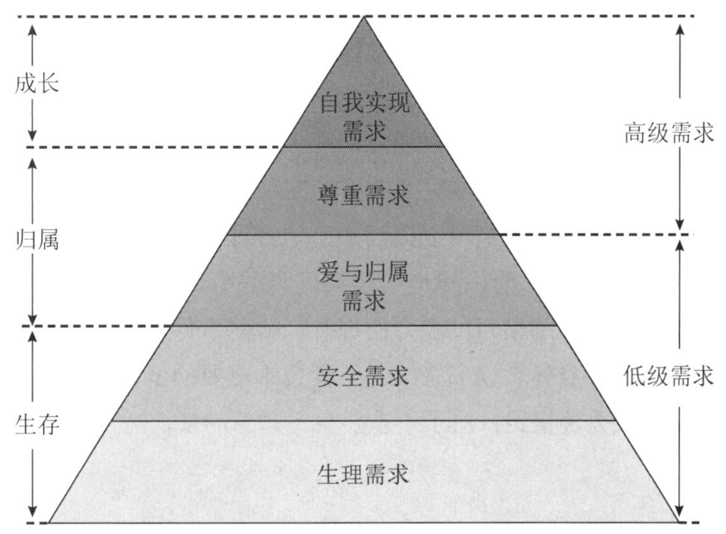

图2-5　马斯洛需求层次理论

很多大一新生觉得自己刚上大学，考虑职业方向为时尚早，大三、大四考虑就来得及。但实际上，职业方向的确立需要我们综合自身特质和真实的职场信息，并做充足的准备，才能在将来面临众多职业方向的时候做出理性决策。职业生涯规划是帮助大学生认识、理解、践行职业生涯的有效方法，开展职业生涯规划对大学生有着重要的意义。

练习2-3

(1) 请大家闭上眼睛，想一想教室里有多少位穿红衣服的同学？

(2) 请大家再闭上眼睛，想一想教室里有多少位戴眼镜的同学？

红色是非常显眼的颜色，在没做练习之前，并没有多少人会注意穿红色衣服的人数。但当问题提出之后，大家就会集中注意力，去找穿红色衣服的同学。而当第二个问题提出来后，大家的注意力还集中在穿红色衣服的同学身上，所以几乎没人能够回答戴眼镜的人数。这就是心理学的“选择性注意”现象：当人们在同时接受两种以上刺激时，选择一种进行注意，而忽略了其他。所以，如果目标清晰，就可以集中能量朝着目标有选择地注意信息、收集信息，成功的可能性会更大。职业生涯规划的首要意义就是可以引导大学生树立职业目标，这样在大学期间可以集中能量，朝着职业目标的方向做充分准备。

第二，职业生涯规划可以激发大学生前进的动力。职业生涯的成功是人们自我实现的途径。在自我实现的状态里，你希望自己是一个什么样的人呢？能给你周围的人、能给你所处的环境带来什么呢？能够听到别人对你怎样的评价？当这个愿景在你脑海中清晰起来的时候，你会发觉浑身上下充满了力量，因为当下的每一份付出、每一滴汗水都是有意义的。朝向目标努力的过程也是逐步厘清生命的价值和意义的过程。正如存在主义的观点“我们的任务是创造一个有意义、有目的的生活”“我们是自己生活的作者，我们为自己的生活规划蓝图”。

第三，通过职业生涯规划，我们可以充分认识自己，发现更多可能性。社会职业认知理论学派认为：“人们之所以会提早排除一些潜在的可能从事的职业，可能是他们处在一个发展自我效能经验的有限环境中，或者可能是因为他们形成了一些不正确的自我效能信念或职业结果期待。” 自我效能感是指个体对自己是否有能力完成某一行为所进行的推测与判断，是个体的自信程度。因此，我们可以通过职业生涯规划发现自身潜在的特质，通过学习体验职业环境，提升自我效能感，发现更多的可能性。

第四，通过职业生涯规划，我们可以提高效率，合理安排日常生活。当目标清晰之后，我们就能够抓住生活中的重点，明确知道大学期间哪些事件是重要且紧急的，要对这些事件“精益求精”，比如专业课的学习、能力的提升；哪些事件是重要不紧急的，要对这些事件“长期坚持”，比如锻炼身体、读书等。对于紧急不重要的事，尽量完成，但不一定非要“完美”，也可以授权或委婉拒绝；对于不重要也不紧急的事，适可而止就好。

练习2-4

结合图2-6，完成时间-任务管理的练习。

(1) 把你当下要做的所有事情都写出来。

(2) 结合自己的当下需求和未来的目标，用1～10分标出它们的重要程度。(非常重要10分，不重要1分)

(3) 结合现实，用1～10分标出它们的紧急程度。(非常紧急10分，不紧急1分)

(4) 按照重要程度和紧急程度两个坐标把这些事情填写在图2-6中。

(5) 分享你的时间-任务管理坐标图，谈谈你有什么新的行动计划。

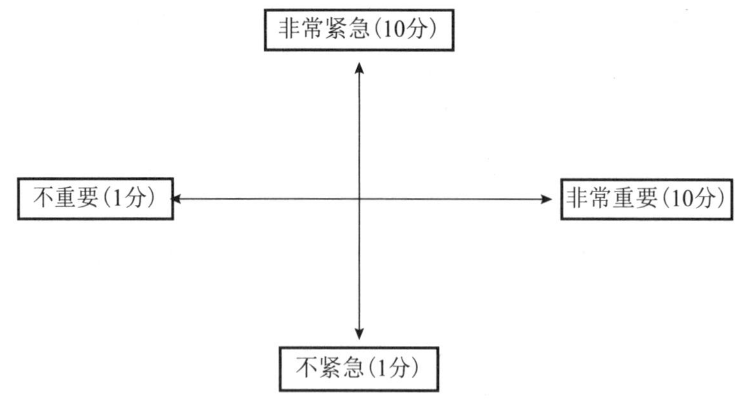

图2-6　时间-任务管理坐标

(三) 职业生涯规划的步骤

系统的职业生涯规划包含6个步骤：觉知与承诺、自我探索、职业世界探索、决策、行动和再评估(见图2-7)。

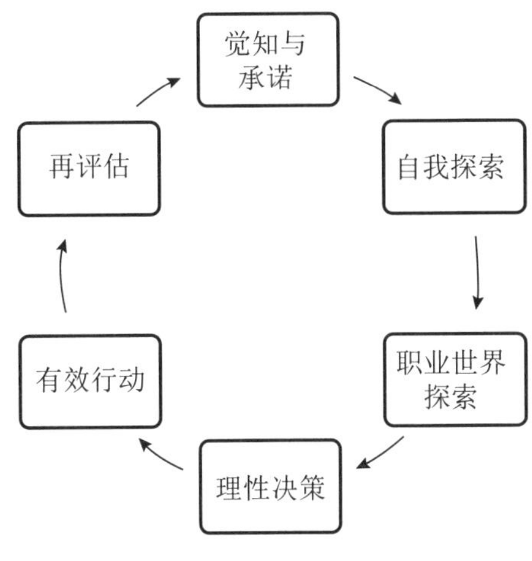

图2-7　职业生涯规划流程

1. 觉知与承诺

在这个阶段，学生通过学习、学校开设的课程、讲座等，对职业生涯规划有了了解，认识到职业生涯规划的重要性和必要性，愿意规划自己的职业生涯。但此时学生要明确：职业生涯规划是一个动态的过程，是一个面对职业生涯发展的一种态度，不能马上让你找到理想的工作。

2. 自我探索

职业生涯规划首先要探索自我，认识真实的自我。学生可以通过各类测评来发现自己的兴趣、性格、技能和价值观，也可以听取别人的评价或者与生涯规划辅导老师沟通，全面且充分地认识自我，并探索出适合自己的职业方向。

3. 职业世界探索

在这个阶段，学生对自我探索阶段发现的适合自己的职业类型开展职业世界探索，从客观的角度对职业信息进行收集和整理。通过调研社会环境、了解行业发展状况，分析所学专业和目标职业的关系；通过实习、访谈等方式，了解这些职业的职场状态，包括日常工作情况、薪酬待遇、发展路径、工作压力等。

4. 决策

职业生涯规划的决策阶段是在自我探索和职业世界探索的基础上进行的，是权衡利弊，通过决策平衡单等工具选择职业生涯目标和职业实施路径的过程。在决策中，学生可能会有完美主义、习惯性纠结、负面情绪等问题，要学会冷静处理；也可能会因为自我探索和职业世界探索不足而重新回到这两个步骤。

5. 行动

学生确立了职业生涯目标之后，就要围绕这个目标制订有效的行动计划，包括专业知识的学习、能力的提升、职业素养的锻炼，还包括储备与自己愿景相关的其他知识。

6. 再评估

职业生涯规划涉及人和客观环境。人们在不断成长，我们周边的环境、社会也在不断地发生变化，因此职业生涯规划需要经常进行再评估和调整。

第二节　大学阶段的生涯发展与职业发展

生涯发展任务是指在生涯发展过程中，每个阶段个体应该完成的特定任务，而生涯发展任务的完成情况(即生涯成熟度)会对个体下一个阶段的发展产生直接影响。从舒伯生涯彩虹图我们知道，大学属于生涯探索阶段，这个阶段面临着众多的生涯任务，是人生的关键阶段。

一、大学阶段的生涯发展任务

(一) 充分探索自我

随着高考的改革，很多地区的高中已经开设了职业生涯规划课程，大学也基本都有职业生涯规划相关的课程。在大学一年级，学生要通过老师的讲授、课上开展的关于自我探索的评估，积极探索自己的兴趣、性格、技能和价值观。目前很多高校设有生涯发展中心之类的机构，为学生开展“一对一”的咨询或者是“一对多”的团体辅导，学生可以与这些机构的老师联系，请老师协助，进一步明确自己的特质。自我探索之后，我们会获得一系列与自己特质匹配的职业，这样就可以缩小职业探索的范围。

(二) 探索职业世界

仅仅了解自己是不够的，我们还要知道职场的环境和对求职者的期待。探索职业世界信息最有效的方式就是获取直接经验，如实习、刷简历、面试等，直接与职场人物对话，了解职业信息，明确自己是否与目标职业的要求相匹配。但我们无法做到把自我探索阶段获取的所有职业都实习一遍，因此可以通过“生涯人物访谈”间接地获取职业世界信息。生涯人物指各行各业的职场人物，可以从校友、校园招聘、父母亲友等途径找到目标职业的生涯人物，开展生涯人物访谈。在实践中，我们要充分利用大一、大二的时光开展职业世界探索，收集信息，并分析整理，进一步缩小我们的目标职业范围。

(三) 确立职业生涯发展目标

随着信息的积累，很多大学生会在大三的时候面临众多路径的选择，比如是否出国留学，是否考研究生，是否准备考取公务员、选调生，是否创业等。那么，此时我们应该如何选择呢？我们可以“跨越选项看目标”。在综合了自我探索和职业世界探索之后，可以得到一组目标职业，职业发展目标在我们的头脑中慢慢清晰起来。目标明确可以协助我们理性决策，哪些选项是为我们的目标服务的，是机会，要珍惜；哪些选项只是干扰，要排除。例如你的职业目标是成为大学教授，那么考取研究生是实现这一目标的有效路径，你当下要做的就是认真学好专业课，开始做考研的准备。

(四) 围绕目标开展有效的生涯行动

目标的实现需要能力支撑，绝大多数的职业能力都要靠后天的学习和练习获得。我们在探索阶段可以获取到目标职业群对求职者能力方面的要求，便可以将职业目标分解为“长期目标”“中期目标”和“短期目标”，以“能完成、可持续”的原则制订行动计划，围绕目标开展有效的生涯行动。

二、大学专业学习与职业发展

专业是指大学里根据学科分类或者生产部门的分工把学业分成的门类。目前，我国大学共13个学科门类，92个专业类，703个专业。学习专业知识是大学生的首要任务，扎实的专业知识是大学生顺利求职、实现人生目标的必备条件。大学生具备出色的专业能力才能得到心仪职业的入场券，才能够在职场中灵活运用专业知识解决问题，完成工作任务，获得肯定，人生价值才能得以实现。

职业是利用专门的知识和技能为社会创造物质财富和精神财富，获取合理报酬，作为物质生活来源，并满足精神需求的工作。要从事某一种职业，我们必须具备专业知识技能、相应的可迁移技能和自我管理技能。随着社会的发展和科技的进步，职业的专业化程度越来越高。但要注意的是，专业与职业并不是一一对应的。在中职院校或高职学院，有很多专业只对应一个职业方向；而高校中的专业往往对应着多种职业，如外语专业的毕业生将来可以从事翻译、教师、公务员等多种职业；还有部分职业不限制专业，如新闻记者、公务员、高校行政人员等。

兴趣探索

本章重点

- 了解自己的兴趣和职业兴趣
- 掌握霍兰德职业兴趣类型理论
- 学会使用“职业兴趣测试”等工具对职业进行考察

案例导入

案例1

刘琳琳是一名外语专业的大一学生，在高考填报志愿选择专业的时候不知道该选什么专业好。别人告诉她“选自己喜欢的”，她却不知道自己真正喜欢什么。思虑再三，她听从家长的意见，选了“女孩比较适合”的外语专业。她对自己所学的专业谈不上喜欢，也谈不上讨厌。她很在意别人的看法，如她所学的专业是否有前途等。每当周围人谈论职业发展的时候，她都会陷入困惑和迷茫，疑惑所学的专业究竟是否适合自己，不知道什么样的职业才是自己最喜欢的。

案例2

马云说过，找到一个自己感兴趣的方向，坚持做下去，这就是成功的秘密。“我年轻的时候，左看右看都不像是能成功的人。”马云这样说，“爸妈、老师都不觉得我将来会成功。”马云年轻时的种种迹象也确实印证了父母、老师的评判。马云读书成绩一般，上的大学也不是名校，就连找工作也是连连碰壁。当年，包括马云在内的24名同学一起到肯德基应聘，23个人都被录用，只有马云被拒之门外。

1994年年底，已经30岁的马云邀请了20多个朋友到家里做客，他向大家宣布，自己要放弃英语老师的工作，要创业，要在互联网领域闯出一番天地。朋友中只有一个人赞同，其余的人都反对：“你懂互联网技术吗？”“你有资金吗？”“你有经验吗？”……父母更是坚决反对，反对的理由让今天的马云忍不住大笑：“父母说，看你的样子就不是发财的样子。能发财的人耳朵都大，你耳朵那么小。”父母、朋友的反对，马云并不意外。他觉得他们说的也没有错，自己确实不懂技术，也没什么钱，模样也不像能发财的样子。他自己也说不清为什么要创业，只是觉得不去做就很难受。出乎所有人意料，马云成功了。2014年9月19日，阿里巴巴正式在纽交所挂牌交易，当天收盘，阿里巴巴市值达2314.39亿美元，成为仅次于谷歌的全球第二大互联网公司。

“有人说我想得远、跑得快，实际上我跟大家一样，只是因为抓住了一个关键问题。”马云说。马云说的这个关键问题是指自己的兴趣与爱好，并根据自己的兴趣进行一系列其他的发展与探索，抓住了互联网技术开启的新时代机遇。

马云说，他在欧洲9个国家考察后发现了一个有意思的现象：中国人眼中富足的欧洲，他们的年轻人却有着种种迷茫，不知道自己的兴趣爱好是什么，找不到想要的。马云发现，这种迷茫，中国的年轻人有，美国的年轻人也有。在马云看来，找到一个自己感兴趣的方向，坚持做下去，就是成功的秘密。创业要选择自己喜欢的方向，找到一批志同道合的人，从最容易的地方做起。

资料来源：钟谷兰，杨开. 大学生职业生涯发展与规划[M]. 2版. 上海：华东师范大学出版社，2016.

第一节 兴趣与职业兴趣

一、兴趣的概念

兴趣是指人们以特定的事物或活动为对象，所产生的积极的、带有倾向性和选择性的态度和情绪。

兴趣是人们内心动力和快乐的来源，由内而生，属于内在动机，常常表现为一种自觉自愿、乐此不疲的精神状态。兴趣不是无所事事，不是享受别人的服务，而是主动去做一件事情。

美国芝加哥大学心理学教授米哈利(Mihaly Csikszentmihalyi)花费30多年的时间对几百位各行各业的人进行了访谈，研究是什么东西真正令人们感到幸福和满足。他发现，和人们通常想象的不同，人们感到最为幸福和满足的时刻不是在人们很放松、什么事也不做(比如看电视)的时候，而是当人们专心致志地从事某种活动，甚至忘我地完全沉浸在这种活动中的时候。对不同人而言，幸福和满足可能是跳舞，可能是演奏乐器、绘画，也可能是阅读、写作或即兴演讲等。

米哈利的这一发现说明：人们的幸福感、满足感往往来源于从事某种活动，而不是无所事事或单纯的享乐游玩。他一直强调要做自己喜爱的事情，才能获得快乐，而这也正是工作原本的意义所在。

二、兴趣的分类

人的兴趣是多种多样的，概括起来可以分为三大类。

(一) 物质兴趣和精神兴趣

物质兴趣主要指人们对舒适的物质生活(如衣、食、住、行方面)的兴趣和追求；精神兴趣主要指人们对精神生活(如学习、研究、文学艺术、知识)的兴趣和追求。在大学阶段，学生正处于人生观和世界观形成的关键时期，无论是物质兴趣方面还是精神兴趣都需要师长进行积极引导，以防止学生在物质兴趣方面的畸形发展，在精神兴趣方面的消极追求。

(二) 直接兴趣和间接兴趣

直接兴趣是指对活动过程的兴趣。例如，有的学生学习英语，只是对学习英语的过程感兴趣，而对学习结果的好或差无所谓。间接兴趣是对事物的结果产生的兴趣。例如，有的学生对学习英语过程本身并不感兴趣，而是对学习英语的结果如取得好的成绩、能与外国人进行文化交流感兴趣。间接兴趣往往与个人的目的相联系，有较强的目的性。直接兴趣与间接兴趣对于个人都是十分有利的，是不可缺少的。

(三) 个人兴趣和社会兴趣

个人兴趣是指“个人”对特定的事物、活动以及“人为对象”所产生的带有倾向性、选择性的态度和情绪，个人兴趣是用来解释个人的爱好与环境期待之间的关系，例如，有的人喜欢绘画，而他的父母却希望他学习金融。社会兴趣指社会成员对某一领域的普遍兴趣，或社会某一领域对社会成员的普遍需求。例如，有人喜欢做公益活动、志愿服务等积极向上的一些活动。

小贴士

所学的专业不是兴趣所在，除了考研或换专业还有别的出路吗？

其实现在许多职业对于专业的限制都没有那么僵化。同一个专业可以从事多种不同的职业，而从事同一种职业的人也可能来自不同的专业。相对于专业知识技能，很多用人单位在招人时也更看重个人的综合素质。而专业知识技能，也不见得非要通过大学本科学习才可以获得。社会上各种各样的培训机构、学历班认证等都可以帮助我们获得工作所需的专业技能。许多大型公司还会为新员工专门提供专业知识技能培训。因此，跨专业找工作并非不可能。

同时，复合型人才越来越吃香。你可以考虑一下你的专业和个人兴趣是否有可能结合起来，甚至形成你个人独一无二的优势。比如，一位喜欢文学写作却学了计算机专业的同学可以考虑从事电脑杂志编辑的工作，喜欢戏剧表演却学了会计专业的同学也许可以在某个剧院担任会计。

大学生从进入大学开始，就需要转变中学阶段的被动学习状态，发挥自己的主观能动性，让自己遨游于一切可能感兴趣的领域，因为你接触的信息面越广，引起大脑共鸣的可能性就越大，越能找到兴趣所在。如果兴趣跟将来立足的专业相一致，那是最美妙的事情。

如果暂时不吻合，那么或者是同时持有专业学习和兴趣实践，让兴趣在生活中让你兴奋，作为生活的重要补充和组成部分；或者将两者相结合，找到优势叠加的最佳位置。有的大学生选择双学位，学习两个专业方向，有的跨专业考研，还有的选择兴趣方向的工作实习和校园实践，这些都是既照顾了专业学习又兼顾自身兴趣的好方法。

练习3-1

请回忆从事某件事情时令你感到快乐(满足)的经历，详细描述这个画面，分析是什么令你感到如此快乐(满足)。

第二节　职业兴趣

霍兰德自20世纪70年代以来，提出了一系列的研究假设。他认为，职业选择是人格的一种表现，某一类型的职业通常会吸引具有相同人格特质的人，这种人格特质反映在职业上就是职业兴趣。

一、职业兴趣的概念和分类

(一) 职业兴趣的概念

职业兴趣是兴趣在职业方面的表现，是指人们对某种职业活动具有的比较稳定而持久的心理倾向，使人对某种职业给予优先注意，并向往之。

(二) 职业兴趣的分类

职业兴趣是一个人对待工作的态度，对工作的适应能力，表现为有从事相关工作的愿望和兴趣，拥有职业兴趣将增加个人的工作满意度、职业稳定性和职业成就感。霍兰德将职业兴趣归纳为6种类型：实用型(Realistic)、研究型(Investigative)、艺术型(Artistic)、社会型(Social)、企业型(Enterprising)和常规型(Conventional)。每个人的职业兴趣往往是多方面的，可能6种兴趣都有，只是偏好程度不同，很少有人只是将兴趣集中在某一种类型上。因此，为了比较全面地描绘个人的职业兴趣，常用最强的3种兴趣的字母代码来表示一个人的兴趣，这个代码就称为“霍兰德代码”。这3个字母间的顺序表示了兴趣的强弱程度的不同。比如，ESA和SEA的人具有相似的兴趣，但他们对同一类型兴趣的强弱程度是不同的。

二、职业兴趣测试

(一) 兴趣岛测试

假如你获得了一次免费度假游的机会，你可以到下列6个岛屿中的一个。请不要考虑其他因素，仅凭自己的兴趣挑出你最想前往的岛屿。

1号岛屿：自然原始的岛屿

这是个景色秀丽、自然生态优良的绿色之岛，岛上不仅保留有热带雨林等原始生态系统，还有各种野生动物。居民以手工见长，自己种植花果蔬菜、修缮房屋、打造器物、制作工具，岛上的人们都非常喜欢户外运动。缺点是这个岛上的人喜欢闷头干活，不擅长交流和沟通。

2号岛屿：深思冥想的岛屿

这个岛有多处天文馆、科技博览馆及图书馆。岛上的居民喜好观察、学习，崇尚和追求真知，常有机会和来自各地的哲学家、科学家、心理学家等交换心得，讨论学术，这个岛上可谓“谈笑有鸿儒，往来无白丁”。缺点是这群关注终极问题的思考者，很少能享受到生活中“庸俗”的快乐。

3号岛屿：美丽浪漫的岛屿

这个岛上有很多美术馆、音乐厅，街头雕塑和街边艺人，处处弥漫着浓厚的艺术文化气息。居民喜欢传统的舞蹈、音乐与绘画，天性浪漫热情，许多文艺界的朋友都喜欢来这里开沙龙派对找寻灵感。缺点是这里的人们做事缺乏条理和逻辑。

4号岛屿：友善亲切的岛屿

这个岛上的居民个性温和、友善、乐于助人，人际关系和谐，社区均自成一个密切互动的服务网络，人们重视互助合作，重视教育，关怀他人，充满人文气息。缺点是这里的人们过于温暖平和，他们经常被认为缺乏竞争意识和无原则。

5号岛屿：显赫富庶的岛屿

该岛经济高度发展，处处是高级饭店、俱乐部、高尔夫球场。岛上的居民善于企业经营和贸易，能言善道，他们大多是企业家、经理人、政治家、律师等。缺点是这里高竞争、快节奏、高压力，很少有人能从容地工作与生活。

6号岛屿：现代、井然有序的岛屿

这个岛上处处耸立着现代建筑，是一个进步的、都市形态的岛屿，岛上的户政管理、地政管理及金融管理都十分完善。岛民们个性冷静保守，处事有条不紊，善于组织规划。缺点是这里所有能发生的情况都有了规定，人们只要遵守就可以了。

不考虑其他因素，仅凭喜欢，你选择的岛屿是________________________________

岛屿里最吸引你的地方是____

如果终身定居的话，你选择的岛屿是____

以上6个岛屿分别对应着霍兰德的6种兴趣类型：1号岛屿对应的是实用型、2号岛屿对应的是研究型、3号岛屿对应的是艺术型、4号岛屿对应的是社会型、5号岛屿对应的是企业型、6号岛屿对应的是常规型。

(二) 霍兰德职业兴趣自测SDS量表

霍兰德职业兴趣自测(The Self-Directed Search，SDS)量表也是由美国著名职业指导专家霍兰德编制的。在几十年里经过一百多次大规模的实验研究，形成了人格类型与职业类型的学说和测验。该测验能帮助被测者发现和确定自己的职业兴趣和能力专长，从而科学地协助人们进行求职择业。

三、兴趣代码分析

(一) 实用型

实用型也可称为现实型、技术型、技能型。这类人喜欢使用工具从事操作性工作；动手能力强，协调性好，做事手脚灵活；偏好于具体任务，更愿意与物打交道；做事保守，较为谦虚；通常喜欢独立做事。

职业环境要求：经常使用工具、机器，重视操作技能的工作。

典型职业：园艺师、工程师、军官、医生、运动员、计算机硬件人员、摄影师、制图员、机械装配工、木匠、厨师、技工、修理工、农民等。

代表人物链接

李子柒，中国美食短视频创作者。李子柒14岁时只身前往城市打拼，开始了长达8年的漂泊生活，要强、能吃苦的性格让李子柒迅速在陌生的城市学得一技之长，有能力养活自己和家乡的奶奶。这段工作经历也帮助了她能够将后期的视频效果呈现得尽善尽美。2017年4月，李子柒制作秋千的视频在美拍上点击量突破1000万，全网播放量8000万，点赞量超过100万。后来，她通过亲自动手做出的一道道美食，彻底俘获千万中外网友的心。她的视频均还原古法工序，应用古朴炊具，散发着淡淡的田园气息，独特的视角配以悠扬婉转的古调，凸显对田园生活的追求，让人过目难忘。

(二) 研究型

研究型也可称为调研型、探索型。这类人喜欢探索和思考，求知欲强；抽象思维能力强；喜欢独立的和富有创造性的工作；知识渊博，有学识才能；喜欢逻辑分析和推理；能够不断探讨未知的领域。

职业环境要求：智力的、抽象的、分析的、钻研的工作；独立的定向任务；通过观察、评估、衡量等结果形成理论，并由此发现和解决新问题的工作。

典型职业：科学家、研究员、实验室工作人员、生物学家、化学家、心理学家、工程设计师、大学教授。

代表人物链接

黄旭华，中国核潜艇事业的先驱者和奠基人之一，成功研制了中国第一代核潜艇，为中国海基核力量(建立在以海军的水面舰艇或潜艇作为核武器发射平台的核力量)实现从无到有的历史性跨越做出了卓越贡献，被誉为“中国核潜艇之父”。黄旭华带领设计人员研制出了比常规流线型潜艇水下阻力更小的水滴形潜艇，同时解决了核潜艇的操纵性问题。经过反复计算、分析、研究，通过调整核潜艇内设备布局，黄旭华团队解决了潜艇上许多方面设计的问题，为潜艇节省了空间，为我国核潜艇事业发展做出了突出贡献。

(三) 艺术型

艺术型也可称为创造型。这类人有创造力，乐于创新；喜欢自我表达；做事理想化，追求完美；具有一定的艺术才能，喜欢文字、音乐、色彩等；善于表达、展示。

职业环境要求：具有创造性、变化性的工作；要求具备一定艺术修养的工作；对创造力、表达能力和直觉要求比较高的工作；能将想象力和创造力应用于语言、行为、声音、颜色等表达方式的工作。

典型职业：艺术方面(演员、导演、设计师、雕刻家)，音乐方面(歌唱家、作曲家)，文学方面(小说家、诗人、剧作家)等。

代表人物链接

周毅，曾获“天府著名艺术家”称号，食品雕刻大师、拉糖大师、翻糖蛋糕大师。他认为一个好的翻糖作品，就是要“耐看”。一方面，需要有“灵魂”，它不是一个人偶娃娃，它浸透着创作者赋予的创意和想象力，引人思考；另一方面，需要对细节的极致追求，充满艺术的美感。

(四) 社会型

社会型也可称为助人型、服务型。这类人喜欢与人交往、善言谈；热情、善于合作、乐于奉献；善良，有耐心；关心社会问题，有社会责任心，比较看重社会义务和社会道德。

职业环境要求：与人打交道的工作；为他人提供信息、启迪、教导和帮助的工作；医疗、护理、教育等工作。

典型职业：教育工作者(教师、教育行政人员)，社会工作者(咨询人员、公关人员)，护士，志愿者等。

代表人物链接

张桂梅，丽江市华坪县民族中学教师兼儿童之家院长，全国十大女杰、全国十佳精神文明人物、全国十大师德标兵、全国十佳知识女性、全国先进工作者、全国“五一”劳动奖章获得者，“十七大”代表。11年前，一场家庭变故让张桂梅从大理来到丽江山区；原本只想忘却爱人过世的悲伤，她却看到了山区贫困孩子一张张渴望知识的纯真面庞。爱的本能让这位女教师在山区扎下了根。为了改善孩子们的生活、学习状况，她节衣缩食，每天的生活费不超过3元，省下的每一分钱都用在学生身上。日积月累，张桂梅先后捐出了40多万元。她把生命献给了这片贫瘠的土地，除了孩子们，她别无所求。

(五) 企业型

企业型也可称为管理型、事业型。这类人追求权力、权威和地位；具有影响力和领导才能；喜欢竞争、敢冒风险，有野心、有抱负；习惯以利益、权利、地位、金钱等来衡量做事的价值；做事有较强的目的性。

职业环境要求：经营、管理、监督和领导类的工作；有挑战、有声望的工作；有经济地位和社会地位的工作。

典型职业：项目经理、销售人员、营销管理人员、政府官员、企业领导、法官、律师。

代表人物链接

任正非，企业家，世界最具影响力十大华商人物之一，华为公司总裁兼CEO。1987年创立华为公司，一手把华为变成了震惊世界的“科技王国”，多次名列《财富》“中国最具影响力的50位商界领袖”榜单第一位。作为华为的创始人，任正非理性而充满自信的言论，无疑有着稳定人心、维护企业平稳运转的积极作用。他的创业故事激励着无数企业家拼搏奋斗。他和他缔造的企业一样沉稳低调，历经沉浮坎坷，却最终披荆斩棘，登上了个人意志和时代的巅峰。

(六) 常规型

常规型也可称为事务型、传统型。这类人尊重权威、流程和规章制度；喜欢按计划办事，细心、谨慎、有条理；习惯接受他人的领导和管理；注重实际。

职业环境要求：注重细节、精确度，有系统、有条理的工作；记录、归档、整理的工作；根据特定要求或程序进行信息组织和管理的工作。

典型职业：秘书、办公室人员、记事员、会计、行政助理、图书馆管理员、出纳员、打字员、仓库管理员等。

代表人物链接

乔·吉拉德，是美国著名的推销员，是吉尼斯世界纪录大全认可的世界上最成功的推销员。从1963年至1978年，他总共推销出13 001辆雪佛兰汽车，连续12年荣登世界吉尼斯纪录大全“世界销售第一”的宝座。他所保持的世界汽车销售纪录——连续12年平均每天销售6辆车，至今无人能破。1963年，时年35岁的他走进一间底特律的汽车经销店，恳求经理给他一份推销员的工作。首日，他就卖出一辆车，接下来的第二个月，情况仍然非常乐观。没有人脉的乔·吉拉德，最初靠着一部电话、一支笔和顺手撕下来的4页电话簿开始了销售生涯。只要有人接电话，他就记录下对方的职业、爱好、买车需求等生活细节，虽然吃了不少闭门羹，但多少有些收获。他靠着掌握客户未来需求、执着与天生的推销能力，促成了不少生意，扭转了自己的人生。

练习 3-2

请列举出三种你非常感兴趣的职业(摒除所有现实的考虑)，这些职业中的哪些特征吸引你？

练习3-3

根据霍兰德兴趣岛和兴趣代码的解析，你觉得最适合自己的代码是哪几个？其中，与你性格描述最相符的语句有哪些？

四、霍兰德职业兴趣六大类型的内在关系

霍兰德所划分的六大类型，并非并列且有着明晰的边界的。他以六角模型来解释六大类型之间的关系，如图3-1所示。

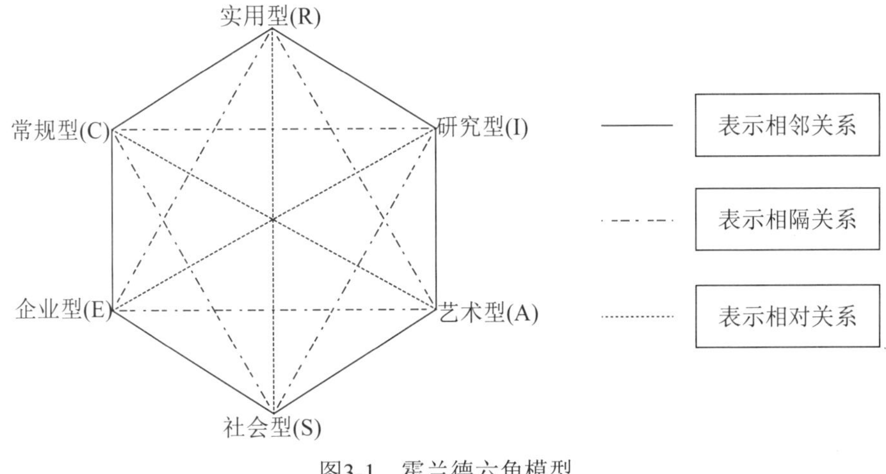

图3-1　霍兰德六角模型

(一) 相邻关系

R与I、I与A、A与S、S与E、E与C及C与R就属于相邻关系。属于这种关系的个体之间共同点较多，比如实用型(R)、研究型(I)的人就都不太偏好人际交往，这两种职业环境中也较少与人接触；而社会型(S)和企业型(E)都偏好人际，社会型(S)乐于助人，企业型(E)喜欢影响别人，在这两种职业环境中，与人接触的机会非常多。

(二) 相隔关系

R与A、R与E、I与C、I与S、A与E、S与C就属于相隔关系。属于这种关系的个体间共同点比相邻关系个体间共同点少。

(三) 相对关系

在六边形上处于对角位置的类型之间的关系即为相对关系，如RS、IE及CA就属于相对关系。相对关系的人格类型之间的共同点少，缺少一致性，具有相反的特质。因此，一个人同时对处于相对关系的两种职业环境都有浓厚兴趣的情况较为少见。

人们通常倾向选择与自我兴趣类型匹配的职业环境，如具有实用型兴趣的人希望在实用型的职业环境中工作，这样可以最好地发挥个人潜能。但职业选择中，个体并非一定要选择与自己兴趣完全对应的职业环境。这有两点原因，一是因为个体本身常是多种兴趣类型的综合体，单一类型显著突出的情况不多，因此评价个体的兴趣类型时也时常以其在六大类型中得分居前三位的类型组合而成，组合时根据分数的高低依次排列字母，构成其兴趣组型，如 RCE、 AIS等；二是因为影响职业选择的因素是多方面的，不完全依据兴趣类型，还要参照社会的职业需求及获得职业的实际可能性。因此，个体在选择职业时会不断妥协，寻求相邻职业环境，甚至寻求相隔职业环境。但如果个体寻找的是相对的职业环境，那就意味着进入与自我兴趣完全不同的职业环境，会难以适应，感觉不到工作的快乐。

五、其他了解职业兴趣的方法

对职业兴趣这种深层自我的探索，需要多种手段、多种技术的综合应用。除了正式的测验外，我们还可以通过以下方法了解自己的兴趣。

(一) 自省

自省就是自我思考、自我分析。日常生活中，自省的方法很多，写日记就是一种较简单的自省方式，通过写日记来记载日常生活经历，从中总结出成败得失，记录个人感悟，都是很有必要的。

林幸台、金树人等人在《生涯兴趣量表》一书中设计了几项活动都与自省的方法密切相关，如“生涯憧憬”“我最愉快的经验”等。

(二) 职业实践

职业实践是指历时较长且较为系统的职业实地操作。零星的打工特别是与未来职业方向没有直接关联的活动不属于职业实践范畴。职业实践使大学生不仅对职场有深入的了解，还可以对自我职业心理特质的评估进行验证。例如，一直以为自己的兴趣在于与人打交道，真正置身于职场中却发现并非如此，而是惊喜地发现自己的机械操作能力很强。

另外，他人评价也可以作为探索自我的辅助手段。职业定位、选择是人生的重要事件，家人、朋友、同学的建议不妨听一听，兼听则明。

小贴士

兴趣，没那么绝对

兴趣是可以培养的，而且会随着环境的变迁和个人的成长与成熟而变化。

小刘在高三的时候，为了填报志愿就曾经做过职业兴趣测验，得出的代码是ASI。到了大三的生涯规划课上，老师又带领全班重新做了一次这个测验。下课后，小刘找到老师，看到结果她感觉有些讶异：代码得分分别是R10、I9、A9、S9、C8、E7，代码R变成了得分最高的一部分。在老师的引导下，小刘重新审视了自己的成长历程，在自我反思的部分写下了这样一段话：

“看来，这几年下来，我学会了务实，虽然还是一样爱幻想，但我变得务实许多；虽然这几年，我也做了很多企业型人格会做的事，而且大家的评价也还不错，但骨子里还是具有其他类型的兴趣取向。不过，要是让我在自己的人格类型上重新定位，我想我会写下AIRS；但如果是以工作取向来定位，我会选ASTR。”

资料来源：钟思嘉. 金树人. 大学生职业生涯规划：自主与自助手册[M]. 北京：高等教育出版社，2017.

练习3-4

请写出你在学习、工作或生活中的5个成就，每个成就都要记载时空背景，包括人物、地点以及发生的时间，并做以下分析：发生了什么事情？遭遇到哪些挑战？出现了什么机会？这件事情跟我有什么关系？如果这件事没有我参与，结果会如何？我怎么解决问题的？经过我的努力，取得了哪些成果？并找出这些经历的共同之处。

第三节　兴趣与职业生涯发展

兴趣是我们内心动力和快乐的最终来源。如果我们所从事的事情是自己所喜欢的，那我们的工作和生活会愉快得多，多半也会对这样的工作更有激情，更有可能在这样的工作中获得满足感。因此，兴趣与工作满意度、职业稳定性和职业成就感之间都存在着明显的关联。

一、兴趣与能力

兴趣与能力有着密切的关系。人们在他们感兴趣的事情上投入更多的时间，往往得以培养更强的能力。由于有较强的能力，人们在从事自己喜欢的事情时就会感到得心应手，因此便增添了对这些事情的兴趣，从而形成良性循环。也有一些人因为担心能力不足而放弃或怀疑自己的兴趣，却忘记了以兴趣为动力，能力是可以培养出来的，所以需要注意的是，兴趣并不等同于能力，兴趣测评的分数也不代表能力的高低。因此在进行职业兴趣的探索时，请不要考虑自己是否有能力做好某事，而只需考虑你对某一活动的喜好。

二、兴趣与现实

当然，并不是所有的兴趣都应该或能够在自己的职业中得到满足，兴趣也可以通过兼职、志愿活动、参加社团、业余爱好等多种方式来实现。关键在于工作和生活(不同的生活角色)之间的协调与平衡，以及工作与个人爱好的适度统一。我们在选择职业的时候，有必要将兴趣作为一个重要的因素考虑进去。在现实的基础上进行“择业”，是成功“就业”的前提和基础。

实际生活中，兴趣与职业也往往交织在一起。虽然我们将兴趣划分为职业兴趣和非职业兴趣，但这两者之间往往很难划分，几乎每一种兴趣都可以与某种职业联系起来。例如，逛商场、购物的兴趣可以演变为采购或着装指导的工作；饲养小动物的兴趣可以与动物饲养人员、宠物医生、野生动物保护专家挂钩。有很多人也的确将自己的业余爱好变成了自己的职业。例如，有的人因为喜欢收集地图而成为文物所的研究人员，也有的人因为喜好旅游而成立野外探险俱乐部并成为旅游器材经销商。

小贴士

霍兰德职业索引

霍兰德职业索引列出了职业兴趣代码与其相应的职业。需要注意的是，该职业索引是未经本土化的版本，因此在职业名称和职业对应的霍兰德代码上可能与中国国情有偏差。考虑到国内这方面的资料较少，我们将列出这份索引，以供大家参考，这主要是为了拓展大家对于职业的思路，不必拘泥于职业和代码。

RIA：牙科技术员、陶工、建筑设计员、模型工、细木工、制作链条人员。

RIS：厨师、林务员、跳水员、潜水员、染色工、电器修理工、眼镜制作工、电工、纺织机器装配工、服务员、装玻璃工人、发电厂工人、焊接工。

RIE：建筑和桥梁工程技术人员、环境工程技术人员、航空工程技术人员、公路工程技术人员、电力工程技术人员、信号工程技术人员、电话工程技术人员、一般机械工程技术人员、自动工程技术人员、矿业工程技术人员、海洋工程技术人员、交通工程技术人员、制图员、家政经济人员、计量员、农民、农场工人、农业机械操作员、清洁工、无线电修理工、汽车修理工、手表修理工、管工、线路装配工、工具仓库管理员。

RIC：船上工作人员、接待员、杂志保管员、牙医助手、制帽工、磨坊工、石匠、机器制造人员、机车(火车头)制造人员、农业机器装配工、汽车装配工、缝纫机装配工、钟表装配和检验人员、电动器具装配人员、鞋匠、锁匠、货物检验员、电梯机修工、装配工、托儿所所长、钢琴调音员、印刷工、卡车司机。

RAI：手工雕刻人员、玻璃雕刻人员、制作模型人员、家具木工、皮革品制作人员、手工绣花人员、手工钩针纺织人员、排字工作人员、印刷工作人员、图画雕刻人员、装订工。

RSE：消防员、交通巡警、警察、门卫、理发师、房间清洁工、屠夫、开凿工人、管道安装工、出租汽车驾驶员、货物搬运工、送报员、勘探员、娱乐场所的服务员、起卸机操作工、灭害虫者、电梯操作工、厨房助手。

RSI：纺织工、编织工、农业学校教师、某些职业课程教师(诸如艺术、商业、技术、工艺课程)、雨衣上胶工。

REC：抄水表员、保姆、实验室动物饲养员、动物管理员。

REI：轮船船长、航海领航员、大副、试管实验员。

RES：旅馆服务员、家畜饲养员、渔民、渔网修补工、水手长、收割机操作工、搬运行李工人、公园服务员、救生员、登山导游、火车工程技术员、建筑工作人员、铺轨工人。

RCI：测量员、勘测员、仪表操作者、农业工程技术、化学工程技师、民用工程技师、石油工程技师、资料室管理员、探矿工、煅烧工、烧窑工、矿工、炮手、保养工、磨床工、取样工、样品检验员、纺纱工、漂洗工、电焊工、锯木工、刨床工、制帽工、手工缝纫工、油漆工、染色工、按摩工、木匠、农民建筑工、电影放映员、勘测员助手。

RCS：公共汽车驾驶员、一等水手、游泳池服务员、裁缝、石匠、烟囱修建工、混凝土工、电话修理工、爆炸手、邮递员、矿工、裱糊工、纺纱工。

RCE：打井工、吊车驾驶员、农场工人、邮件分类员、铲车司机、拖拉机司机。

IAS：普通经济学家、农场经济学家、财政经济学家、国际贸易经济学家、实验心理学家、工程心理学家、心理学家、哲学家、内科医生、数学家。

IAR：人类学家、天文学家、化学家、物理学家、医学病理、动物标本剥制者、化石修复者、艺术品管理者。

ISE：营养学家、饮食顾问、火灾检查员、邮政服务检查员。

ISC：侦察员、电视播音室修理员、电视修理服务员、验尸室人员、编目录者、医学实验技师、调查研究者。

ISR：水生生物学者，昆虫学者、微生物学家、配镜师、矫正视力者、细菌学家、牙科医生、骨科医生。

ISA：实验心理学家、普通心理学家、发展心理学家、教育心理学家、社会心理学家、临床心理学家、目标学家、皮肤病学家、精神病学家、妇产科医师、眼科医生、五官科医生、医学实验室技术专家、民航医务人员、护士

IES：细菌学家、生理学家、化学专家、地质专家、地理物理学专家、纺织技术专家、医院药剂师、工业药剂师、药房营业员。

IEC：档案保管员、保险统计员。

ICR：质量检验技术员、地质学技师、工程师、法官、图书馆技术辅导员、计算机操作员、医院听诊员、家禽检查员。

IRA：地理学家、地质学家、声学物理学家、矿物学家、古生物学家、石油学家、地震学家、声学物理学家、气象学家、原子和分子物理学家、电学和磁学物理学家、设计审核员、人口统计学家、数学统计学家、外科医生、城市规划家、气象员。

IRS：流体物理学家、物理海洋学家、等离子体物理学家、农业科学家、动物学家、食品科学家、园艺学家、植物学家、细菌学家、解剖学家、动物病理学家、农作物病理学家、药物学家、生物化学家、生物物理学家、细胞生物学家、临床化学家、遗传学家、分子生物学家、质量控制工程师、地理学家、兽医、放射性治疗技师。

IRE：化验员、化学工程师、纺织工程师、食品技师、渔业技术专家、材料和测试工程师、电气工程师、土木工程师、航空工程师、行政官员、冶金专家、原子核工程师、陶瓷工程师、地质工程师、电力工程师、口腔科医生、牙科医生。

IRC：飞机领航员、飞行员、物理实验室技师、文献检查员、农业技术专家、生物技师、动植物技术专家、油管检查员、工商业规划者、矿藏安全检查员、纺织品检验员、照相机修理者、工程技术员、编程人员、工具设计者、仪器维修工。

CRI：簿记员、会计、计时员、铸造机操作工、打字员、按键操作工、复印机操作工。

CRS：仓库保管员、档案管理员、缝纫工、讲述员、收款人。

CRE：标价员、实验室工作者、广告管理员、自动打字机操作员、电动机装配工、缝纫机操作工。

CIS：记账员、顾客服务员、报刊发行员、土地测量员、保险公司职员、会计师、估价员、邮政检查员、外贸检查员。

CIE：打字员、统计员、支票记录员、订货员、校对员、办公室工作人员。

CIR：校对员、工程职员、检修计划员、发报员。

CSE：接待员、通信员、电话接线员、卖票员、旅馆服务员、私人职员、商学教师、旅游办事员。

CSR：运货代理商、铁路职员、交通检查员、办公室通信员、簿记员、出纳员、银行财务职员。

CSA：秘书、图书管理员、办公室办事员。

CER：邮递员、数据处理员、办公室办事员。

CEI：推销员、经济分析家。

CES：银行会计、记账员、法人秘书、速记员、法院报告人。

ECI：银行行长、审计员、信用管理员、地产管理员、商业管理员。

ECS：信用办事员、保险人员、各类进货员、海关服务经理、售货员，购买员、会计。

ERI：建筑物管理员、工业工程师、护士长、农场管理员、农业经营管理人员。

ERS：仓库管理员、房屋管理员、货栈监督管理员。

ERC：邮政局局长、渔船船长、机械操作领班、木工领班、瓦工领班、驾驶员领班。

EIR：科学、技术和有关周期出版物的管理员。

EIC：专利代理人、鉴定人、运输服务检查员、安全检查员、废品收购人员。

EIS：警官、侦察员、交通检验员、安全咨询员、合同管理者、商人。

EAS：法官、律师、公证人。

EAR：展览室管理员、舞台管理员、播音员、驯兽员。

ESC：理发师、裁判员、政府行政管理员、财政管理员、工程管理员、售货员、职业病防治人员、商业经理、办公室主任、人事负责人、调度员。

ESR：家具售货员、书店售货员、公共汽车驾驶员、日用品售货员、护士长、自然科学和工程的行政领导。

ESI：博物馆管理员、图书馆管理员、古迹管理员、饮食业经理、地区安全服务管理员、技术服务咨询者、超级市场管理员、零售商品店店员、批发商、出租汽车服务站调度员。

ESA：博物馆馆长、报刊管理员、音乐器材售货员、广告商售画营业员、导游、(轮船或班机上的)事务长、飞机上的服务员、船员、法官、律师。

ASE：戏剧导演、舞蹈教师、广告撰稿人、报刊专栏作者、记者、演员、英语翻译。

ASI：音乐教师、乐器教师、美术教师、管弦乐指挥、合唱队指挥、歌星、演奏家、哲学家、作家、广告经理、时装模特。

AER：新闻摄影师、电视摄影师、艺术指导、录音指导、丑角演员、魔术师、木偶戏演员、骑士、跳水运动员。

AEI：音乐指挥、舞台指导、电影导演。

AES：流行歌手、舞蹈演员、电影导演、广播节目主持人、舞蹈教师、口技表演者、喜剧演员、模特。

AIS：画家、剧作家、编辑、评论家、时装艺术大师、新闻摄影师、演员、文学家。

AIE：花匠、皮衣设计师、工业产品设计师、剪影艺术家、复制雕刻品大师。

AIR：建筑师、画家、摄影师、绘图员、雕刻家、环境美化工、包装设计师、绣花工、陶器设计师、漫画工。

SEC：社会活动家、退伍军人服务官员、工商会事务代表、教育咨询者、宿舍管理员、旅馆经理、饮食服务管理员。

SER：体育教练、游泳指导。

SEI：大学校长、学院院长、医院行政管理员、历史学家、家政经济学家、职业学校教师、资料员。

SEA：娱乐活动管理员、国外服务办事员、社会服务助理、一般咨询者、宗教教育工作者。

SCE：部长助理、福利机构职员、生产协调人、环境卫生管理人员、戏院经理、餐馆经理、售票员。

SRI：外科医师助手、医院服务员。

SRE：体育教师、职业病治疗者、体育教练、专业运动员、房管员、儿童家庭教师、警察、引座员、传达员、保姆。

SRC：护理员、护理助理、医院勤杂工、理发师、学校儿童服务人员。

SIA：社会学家、心理咨询者、学校心理学家、政治科学家、大学或学院的系主任、大学或学院的教育学教师、大学农业教师、大学法律教师、大学工程和建筑课程的教师、大学数学教师、大学医学、物理教师、大学社会科学教师、生命科学教师、研究生助教、成人教育教师。

SIE：营养学家、饮食学家、海关检查员、安全检查员、税务稽查员、校长。

SIC：描图员、兽医助手、诊所助理、体检检查员、娱乐指导者、监督缓刑犯的工作者、咨询人员、社会科学教师。

SIR：理疗员、救护队工作人员、手足病医生、职业病治疗助手。

资料来源：http://www.onetonline.org.

性格探索

本章重点

- 了解性格定义，辨析性格与人格、气质的差异
- 了解MBTI性格测评，得出自己的测评结果
- 了解性格与职业的关系，根据自身性格合理规划职业发展方向

案例导入

小海是北方沿海城市一所外国语大学外语专业三年级学生，她对自己的专业很感兴趣，学习也很努力，成绩一直位于专业前几名。面对即将到来的毕业季，小海陷入了纠结。她觉得自己是一个相对内向的人，即使自己人际交往能力还不错，但更倾向于今后在相对单纯的人际环境中做一些计划性强的工作。她的大部分同学选择的都是销售类工作，虽然也能使用本专业的语言技能，但对于工作压力和随时可能出现的计划外情况，她担心自己不能适应。通过与学长和学姐交谈，她了解到考研也是不错的选择，不仅可以进一步提升专业能力，还可以有一段时间了解社会和企业。是该选择考研还是直接就业？自己的性格更适合什么样的选择？小海很困惑。

第一节　性格

一、性格的概念

性格是人对现实的稳定态度和习惯化行为方式的总和，表现为个体独特的心理特征。人的心理活动是复杂的，面对不同的选择与变化的环境，总会有一些不易改变的内在因素影响着我们对问题的认知以及对事件的反馈，这些都受到性格驱使。

性格是一种与社会相关最密切的人格特征，表现人们对现实和周围世界的态度，并表现在其行为举止中。性格表现了一个人的品德，受人的价值观、人生观、世界观的影响。

能让性格流露的首要场合就是安全的场合，其中包括安全的人、安全的话题和安全的环境。试想现在你正身处一处舒适的环境，身边有三五知己，你们正在敞开心扉地聊着生活中的点点滴滴。这时，你的状态一定与和陌生人交流时不一样。但如果你仍和知己身处相同的环境，但聊的却是挑战你底线的话题，相信你一定没有刚才那般舒适了。其次，在应激状态下，人反映出来的是真实性格。例如，面对人生的大起大落，是“宠辱不惊”还是“得意忘形”？面对人生的大是大非，是“镇定从容”还是“随波逐流”？

二、易与性格混淆的概念

(一) 人格的概念

人格原意为希腊语里的面具(Persona)，面具随任务角色的不同而变换，体现了角色的特点和人物性格。人格是指一个人独特的、相对稳定的行为模式。心理学将其定义为：人格是构成一个人的思想、情感及行为的独特模式，这个独特模式包含一个人区别于他人的稳定而统一的心理品质。人格具有独特性、稳定性、统合性、功能性的特点。

如图4-1中的京剧脸谱，虽然我们无从知晓脸谱背后京剧演员的真实相貌，但只要演员们描绘好各自的脸谱，我们就能知道这是哪一出戏，这是哪一类角色。你在朋友圈发文时，是不是总有一些内容想让一部分好友看到而不想让另一部分人看到？“人生如戏”，虽然性格难以改变，但你可以学会丰富自己的人格，以适应周围环境和身边人对你的期待。

图4-1　京剧脸谱

小贴士

人格特质理论

人格是一个复杂的结构系统，它包括许多成分，其中主要有气质、性格、自我调控等方面。既然人格是体现个体心理差异的领域，有着异常复杂的心理结构，那么研究者如何描述人格的结构呢？最具代表性的人格理论有特质理论。

特质理论起源于20世纪40年代美国，主要代表人物是美国心理学家奥尔波特(G. W. Allport，1897—1967)和卡特尔(Raymond·B·Cattell，1905—1998)。奥尔波特于1937年首次提出了人格特质理论，1949年，卡特尔用因素分析法提出了16种相互独立的根源特质，从而编制了“卡特尔16种人格因素调查表”(Sixteen Personality Factor Questionnaire，16PF)，简称16PF。该测试的主要功能是测试人的16项基本人格特征，并通过科学方法进一步了解其各项心理指标，具有较高的效度和信度。这一测验共187道题目，能在约45分钟的时间测量出16种主要的人格特征。该测验在国际上颇具影响力，于1979年引入中国专业机构，并修订为中文版。

16PF测试中的16种人格因素各自独立，相互之间的相关度极小，每一种因素的测量都能对被试者某一方面的人格特征有清晰而独特的认识，更能对被试者人格的16种不同因素的组合做出综合性的了解，从而全面评价整个人格特征。

其他常见的性格测试工具还有九型人格性格分析、CPI加州心理测验、DISC性格测试工具、四色性格分析、DPA性格分析工具、明尼苏达多项人格量表(该表更多地用于心理障碍测试)。

1949年，菲斯克从卡特尔的词汇表中选出了22个，他对比了在这些特质上自我评定和同伴评定、心理咨询师的评定之间的关系。他发现，有5个因素总是最先出现在列表上，这就是后来的大五人格因素。十几年后，由两位心理学家组成的研究小组检验了包括大学生和空军职员在内的8个样本的数据，也发现了同样的5个因素。随后多年，在更大范围样本研究中，大五人格因素一直被不断地重复发现，直至成为一个西方心理学界公认的人格特质模型。大五人格也称之为人格的海洋(OCEAN)，包含以下5个因素。

开放性(Openness)：具有想象、审美、情感丰富、求异、创造、智能等特质。

责任心(Conscientiousness)：显示胜任、公正、条理、尽职、成就、自律、谨慎、克制等特点。

外倾性(Extraversion)：表现出热情、社交、果断、活跃、冒险、乐观等特质。

宜人性(Agreeableness)：具有信任、利他、直率、依从、谦虚、移情等特质。

神经质性(Neuroticism)：难以平衡焦虑、敌对、压抑、自我意识、冲动、脆弱等情绪的特质，即不具有保持情绪稳定的能力。

大五人格因素在临床心理、健康心理、发展心理、职业、管理和工业心理等方面都显示了广泛的应用价值。

(二) 气质的概念

气质是表现在心理活动的强度、速度、灵活性与指向性等方面的一种稳定的心理特征，是个人生来就具有的心理活动的典型而稳定的动力特征，是人格的先天基础。

气质是人的天性，无好坏之分。它只给人的言行涂上某种色彩，但不能决定人的社会价值，也不能直接具有社会道德评价含义。气质不能决定人的成就，任何气质的人只要经过自己的努力都能在不同实践领域中取得成就。

小贴士

几种气质类型学说

1. 气质体液说

公元前5世纪，古希腊医生希波克拉底(Hippocrates)认为体液即是人体性质的物质基础，人体内有4种液体：血液、黏液、黄胆汁、黑胆汁，并认为4种液体的配合比例不同，形成了4种不同类型的人。他认为4种体液在人体内的比例不同，形成了人的不同气质。在体液的混合比例中，血液占优势的人属于多血质，黏液占优势的属于黏液质，黄胆汁占优势的人属于胆汁质，黑胆汁占优势的人属于抑郁质。希波克拉底认为，多血质的人性情活泼、动作灵敏；黏液质的人性情沉静、动作迟缓；胆汁质的人性情急躁、动作迅猛；抑郁质的人性情敏感、动作迟钝。每一个人的生理特点以哪一种液体为主，他就对应哪一种气质。一个人的先天性格表现会随着后天的客观环境变化而发生调整，性格也会随之发生变化。这个学说为后世的医学心理疗法提供了一定指导基础。虽然希波克拉底对人的气质的成因的解释并不正确，但他提出的气质类型的名称及划分，一直沿用至今。

公元2世纪，古罗马名医盖伦提出关于人类气质类型的理论。盖伦(Galen，130—200)是欧洲古代医学的集大成者，也是罗马帝国时期著名的生物学家和心理学家。盖伦从希波克拉底的体液说出发，创立了气质学说，他认为气质是物质(或汁液)的不同性质的组合。由于其对气质类型特征的描述接近事实，为现代心理学所沿用。

2. 体型说

体型说由德国精神病学家克雷奇默(E. Kretschmer)提出。他根据对精神病患者的临床观察，认为可以按体型划分人的气质类型。他把人分成三种类型，即肥满型、瘦长型、筋骨型。

美国心理学家谢尔登(W. H. Sheldon)也提出了一种体型说，他认为，形成体型的基本成分——胚叶与人的气质关系密切。他根据人外层、中层和内层胚叶的发育程度将气质分成三种类型。

体型说虽然揭示了体型与气质的某些一致性，但并未说明体型与气质关系的机制，体型对气质是直接影响或是间接的影响，两者之间是连带关系还是因果关系。另外，该学说的研究结果主要是从病人而不是从正常人得来的，因此缺乏一定的科学性。

3. 激素说

激素说是美国生理学家伯曼(Berman)提出的。他认为，人的气质特点与内分泌腺的活动有密切关系。他根据人体内某种内分泌腺的发达程度把人分成甲状腺型、脑下垂体型、肾上腺型等。现代生理学研究证明，从神经-体液调节来看，内分泌腺活动对气质影响是不可忽视的。但激素说过分强调了激素的重要性，忽视了神经系统特别是高级神经系统活动特性对气质的重要影响，不乏有片面倾向。

4. 血型说

血型说是日本学者古川竹二等人的观点。他们认为气质是由不同血型决定的，血型有A型、B型、AB型、O型，与之相对应气质也可分为A型、B型、AB型与O型4种。这种观点有待考证。

5. 活动特性说

活动特性说是美国心理学家巴斯(A. H. Bass)的观点。他用反应活动的特性，即活动性、情绪性、社交性和冲动性作为划分气质的指标，由此区分出4种气质类型。用活动特性来区分气质类型是近年来出现的一种新动向，不过活动特性的生理基础是什么，该理论却没有明确揭示出来。

资料来源：https://baike.baidu.com/item/%E6%B0%94%E8%B4%A8%E7%B1%BB%E5%9E%8B/5837829?fr=aladdin.

第二节　职业性格

一、职业性格的概念

职业性格是指人们一旦从事某种职业后，因为职业需求或者对该职业从业者的普遍要求所形成的较为固定的性格要素集合。

研究表明，不同的职业有不同的性格要求。气质是我们的先天特质，而性格则是我们在社会环境下，以气质为基础，逐渐形成的特征。虽然每个人的性格不能百分之百地符合某项职业，但却可以根据自己的职业倾向来培养、发展相应的职业性格。

既然性格对职业的选择以及成功有着重大的影响，那么该如何选择符合自己性格的职业呢？瑞典心理学家卡尔·荣格(Carl Jung)的性格类型理论问世后，美国心理学家凯瑟琳·库克·布里格斯(Katharine Cook Briggs)和她的女儿伊莎贝尔·布里格斯·迈尔斯(Isabel Briggs Myers)对荣格的理论进行了优化，最终研究出被广泛应用于人格测评、人才选拔、心理咨询和职业咨询等方面的心理测评工具，即迈尔斯-布里格斯性格分析指标(MBTI)。

二、迈尔斯-布里格斯性格分析指标

迈尔斯-布里格斯性格分析指标(Myers-Briggs Type Indicator)简称MBTI，用于衡量个人的类型偏好(Preference)或倾向，是美国心理学家伊莎贝尔·布里格斯·迈尔斯和她的母亲凯瑟琳·库克·布里格斯制定的。MBTI用途非常广泛，常被用于自我探索、职业发展、人才选拔、团队建设、管理培训、恋爱与婚姻咨询、教育(学业)咨询及多元文化培训中。

该指标以瑞士心理学家卡尔·荣格划分的8种类型为基础，形成4个维度(见表4-1)。

表4-1　MBTI的4个维度

维度	偏好一端	英文及缩写	偏好另一端	英文及缩写
能量的指向	外向	Extrovertion(E)	内向	Introvertion(I)
注意力指向	感觉	Sensing(S)	直觉	iNtuition(N)
判断方式	思考	Thinking(T)	情感	Feeling(F)
完成任务方式	判断	Judging(J)	知觉	Perceiving(P)

所谓的“偏好”，是一种天生的倾向性，是一种特定的行为和思考方式。这些偏好无优劣之分，无高下之差，它们体现了人与人之间的不同。每个维度上只能有一个方向的偏好，但每个维度上的偏好不会绝对由某一段的偏好组成。比如，一个内向的人大多数情况下自然的反应是内倾的，但也会有外倾的时候，正常情况下不会出现绝对的内向或绝对的外向。

(一) 能量的指向

能量的指向是MBTI第1个维度，区分我们注意力和能量所指方向的维度，也表现了个体与外界相互作用的程度。

1. 外向 Extroversion(E)

特征：注意力和能量主要指向外部世界的人和事，从与人交往和行动中得到活力。

本维度描述：好与人交往，善于表达；先行动，后思考；喜欢用谈话的方式进行沟通；关注外部环境；在谈话中形成自己的意见；更适应实际操作或讨论的学习方式；兴趣广泛；在工作和人际关系中都很积极主动。

2. 内向 Introversion(I)

特征：注意力和能量集中于自己的内心世界，从对思想、回忆和情感的反思中得到活力。

本维度描述：安静而显得内向；先思考，后行动；更愿意用书面方式沟通；关注自己的内心世界；通过思考形成自己的意见；更适应思考、在头脑中“练习”的学习方式；兴趣专注；当环境对他们具有重要意义时会采取主动行动。

(二) 注意力指向

注意力指向是MBTI第2个维度，区分个体在收集信息时注意力的指向，即个体接受信息的方式。

1. 感觉 Sensing(S)

特征：用自己的感觉器官来获取信息。喜欢收集实实在在的、确实出现的信息；对于周围所发生的事件观察入微，特别关注现实。

本维度描述：关注真实的、实际存在的事物；观察敏锐，并能记住细节；着眼于当前的实际情况；现实、具体；相信自己的经验；通过实际运用帮助理解抽象思维和理论。

2. 直觉 iNtuition(N)

特征：通过想象、无意识等超越感官工作范围的方式来获取信息。喜欢看整个事件的全貌，关注事实之间的关联。想要抓住事件的主干，特别善于看到新的可能性。

本维度描述：关注数据所代表的意义；当细节与某一状态相关时才能够记得；着眼于未来的可能；富于想象力和创造性；相信自己的灵感；靠直觉很快得出结论；确定澄清了理论后，才应用理论。

(三) 判断方式

判断方式是MBTI第3个维度，区分个体做决定或下结论的方式，也是个体做决定或下结论的主要依据。

1. 思考 Thinking(T)

特征：通过分析某一行动或选择的结果来做出决定；会将自己从情境中分离出来，对事件的正反两方面进行客观的分析；从发现和分析事件中存在的错误并解决问题中获得活力；希望要找到一个能应用于所有相似情境的准则。

本维度描述：以逻辑思维解决问题；善于分析；以因果的逻辑思维；爱讲道理；可能显得不近人情；认为公平意味着每个人都能得到平等待遇。

2. 情感 Feeling(F)

特征：喜欢考虑对自己和他人来说什么是重要的；会在头脑中将自己放在情境所牵涉到的所有人的位置上并试图理解别人的感受，然后在此基础上根据自己的价值判断做出决定；从对他人表示赞赏和支持中获得活力；目标是创造和谐的氛围，把每一个人都当作一个独特的个体来对待。

本维度描述：常衡量所做的决定对他人产生的后果和影响；善于体贴他人、感同身受；受个人价值观的引导；充满同情心；可能会显得心肠太软；寻求和谐的气氛和积极的人际交往氛围；认为公平意味着每个人都被作为独特的个体来对待。

(四) 完成任务方式

完成任务方式是MBTI第4个维度，区分个体完成任务而采取的行动方式，也体现个体喜好的生活方式。

1. 判断 Judging(J)

特征：喜欢将事情管理得井井有条，生活充满计划并井然有序；喜欢做了决定，便要完成后续的工作；生活通常会比较有规划、有秩序，喜欢将事情确定下来；按照计划和日程安排办事对他们来说很重要；从完成任务中获得能量。

本维度描述：有计划、有系统地做事；喜欢管理好自己的生活；喜欢制订短期和长期计划；按部就班；喜欢把事情确定好；尽可能避免最后关头才做决定或完成任务的压力。

2. 知觉 Perceiving(P)

特征：喜欢以灵活、自由的方式生活，更愿意去体验和理解生活的变化，而不是去控制它；详细的计划或最终决定会使他们感到被束缚；愿意对新信息和选择保持随时接受的态度，即使已经到了做决定前的最后一分钟；足智多谋，善于调节自己适应当下环境的需要，并从中获得能量。

本维度描述：不拘泥于制订的计划；灵活地处理自己的生活；不在意是否有明确的计划；适应变化，容易改变方向；不喜欢很早就把事情确定下来，需要留有改变的可能性；临近截止时间的压力会使他们感到精力充沛。

练习4-1

通过MBTI 4个维度的描述，你的性格代码是什么？并试着分析你可能适合从事哪些工作？

第三节　性格与职业生涯发展

我们在做选择时，倾向根据自己的性格特征来选择与之相对应的职业类型，即实现“人职匹配”。“人职匹配”的实现，意味着个人的性格特征与职业环境取得了高度的一致性，工作效率将会随之提高，个人职业成功的可能性也会大大增加。如果性格与职业不适应，就会在一定程度上阻碍工作的顺利进行，使人感到被动。

显然，我们的性格不可能百分之百地符合某种职业或某种岗位，但我们可以根据自己的职业倾向来培养自己的人格，特别是发展相应的职业性格。

一、性格与职业

在MBTI测试中，我们可以知道自己的思考方式，适合做什么，哪方面需要加强。所以MBTI测试是一个深入了解自己，认识自己的外界辅助工具。由MBTI测试得出16种性格类型，以下分别介绍16种性格类型的性格特征、领导模式、工作环境倾向性、潜在缺点、发展建议及其适合的职业发展方向。

(一) ESTJ(外向感觉思考判断型)

1. 性格特征

务实、具有管理企业或管理技能的天赋；不喜欢抽象的理论；最喜欢学习可立即运用的知识；喜好组织与管理活动，为获取成功而专注于最有效率的方式来行事；属于优秀的行政者，具备决断力、关注细节且能很快做出决策；会忽略他人感受；喜欢成为领导者或企业主管。

2. 领导模式

运用过去经验来解决问题；直接、明确地发现问题的关键；决策和执行决策非常迅速；传统型领导，尊重组织内部的等级和组织获得的成就。

3. 工作环境倾向性

喜欢与努力工作、有坚定决心把工作做好的人共事；任务明确的环境；有组织和结构的环境；有团队计划的环境；稳定性和预测性的环境；致力于绩效和生产性的环境；奖励完成目标的环境。

4. 潜在的缺点

做决策太迅速，给他人带来压力；因为相信一切都在正常运作，不能察觉变革的需要；在完成任务过程中，忽视人际交往的细节；在长期忽视自己的感受和准则的情况下，可能会被自己的情感所击垮。

5. 发展建议

在做决策之前，需考虑各种因素，包括人为因素；需要促使自己看到他人要求变革、希望获利的情况；需学会赞赏别人；需从工作中抽点时间考虑和梳理自己的情感和价值观。

6. 适合的职业

大中型外资企业员工、业务经理、中层经理(多分布在财务、物流采购、销售管理、项目管理、工厂管理、人事行政部门)、职业经理人、各类中小型企业主管。

(二) ESFJ(外向感觉情感判断型)

1. 性格特征

属于天生的合作者以及活跃的组织成员，诚挚、爱说话、合作性高、受欢迎、光明正大；擅长创造和谐氛围；乐于做益于他人的事；给予鼓励及称许后，会有更佳的工作成效；对直接影响人们生活的事物感兴趣；喜欢与他人共事；精确、准时地完成工作。

2. 领导模式

关心他人；以良好的人际关系赢得合作；让组织活跃起来；承担繁重的工作，坚持到底；发扬组织的传统精神。

3. 工作环境倾向性

喜欢与诚恳、具有合作性、乐于帮助他人的人共事；目标明确的环境，提供有益、合适的工作程序；奖励组织行为和个体工作绩效的环境；人际关系互动良好的工作环境；赞赏他人和开明的工作氛围；敏感察觉到他人需要的工作环境；关注事实和价值观的环境。

4. 潜在的缺点

习惯于避免及回避冲突；为了令他人满意而忽略自己；认为自己提出的建议对组织和对他人最好；很少有时间客观地反思过去或展望未来。

5. 发展建议

需要学会注意差异性和处理冲突；需要学会找出自己的需要；需要学会更客观地听取他人真正需要什么；做决策时，需要理性决策，顾及全局。

6. 适合的职业

办公室行政或管理人员、秘书、总经理助理；项目经理、客户服务人员；采购和物流管理人员；医生、护士、健康护理指导师、饮食学专家、营养学专家；小学教师(班主任)、学校管理者；银行、酒店、大型企业客户服务代表和客户经理；公共关系部主任；商场经理、餐饮业业主和管理人员等。

(三) ISTJ(内向感觉思维判断型)

1. 性格特征

严肃、安静、因自身专注度与全力投入被信赖而获得成功；行事务实、有序，有逻辑性、可被信赖；十分乐于尝试做不同的事，对工作、居家、生活的节奏均有良好的把握；负责任且按设定的目标做决策，同时不畏阻挠地坚持到底；重视传统与忠诚。

2. 领导模式

凭事实和经验做决定；建立可靠、稳定、持续的工作绩效；尊重传统和等级制度；奖励遵循规则完成任务的员工。

3. 工作环境倾向性

喜欢与努力工作、关注事实和结果的人共事；能长期提供安全性的环境；奖励稳定发展和按期完成任务的环境；使用系统性工作方法的环境；任务明确以及鼓励坚定意志的环境；提供安静、整齐设施的环境；环境中有不被打扰的个人空间。

4. 潜在的缺点

可能忽视人际交往中的细节；工作方法刻板、不灵活，对变革采取保守的态度；期望他人和自己一样，同样注意细节，并服从管理程序。

5. 发展建议

除了关注现实问题外，还需关注更深远、面向未来的问题；需考虑人的因素，并向他人表达其应得的赞赏；为避免陈规陋习，应尝试寻找新的选择；需培养耐心，应付那些需要用不同方式来沟通或忽视规则和程序的人。

6. 适合的职业

审计师、会计、财务经理、办公室行政管理、后勤和供应管理、中层经理、公务(法律、税务)执行人员、银行信贷员、成本估价师、保险精算师、税务经纪人、税务检查员、机械师、电气工程师、计算机程序员、数据库管理员、地质学家、气象学家、法律研究者、律师、药剂师、实验室技术人员、牙科医生、医学研究员等。

(四) ISFJ(内向感觉情感判断型)

1. 性格特征

安静、和善、负责任；做事尽责投入；常成为项目或团体的安定力量源泉；愿投入，肯吃苦，力求精确；兴趣通常不在于科技方面；对细节事务有耐心；忠诚、考虑周到、知性且会关切他人的感受；致力于创设有序和谐的工作与家庭环境。

2. 领导模式

开始可能不愿担任领导，但当需要承担领导任务时会接受委任；希望自己和他人服从组织的需要；以个人的影响力作为后盾；认真遵守传统程序和规则。

3. 工作环境倾向性

喜欢与认真的人共事；能提供安全性和预测性的工作环境；组织结构明晰的环境；能保持安静、有一些私人空间的环境；做事坚持到底的环境；充满个人化、友好、体谅氛围的环境；服务定向型的环境。

4. 潜在的缺点

对待未来发展过于谨慎小心；向他人表明自己观点时，显得意志不太坚定；因安静、忘却自我的特性而低估自己；过度依赖自己的经验，不能根据环境和其他需要灵活调整。

5. 发展建议

工作中需要评估风险，以积极、全面的观点来看待未来；需要培养更多的自信，勇于表达自己的观点；学会说出自己的成就；对其他形式的做事方式需保持开放态度。

6. 适合的职业

行政管理人员、总经理助理、秘书、人事管理者、项目经理、物流经理、律师助手、医生、护士、药剂师、医学专家、营养学专家、顾问、零售员、精品店业主、大型商场及酒店管理人员、室内设计师等。

(五) ESTP(外向感觉思考知觉型)

1. 性格特征

擅长即时解决问题；具有适应性、容忍度、务实性；倾注精力于很快获得成效的工作；不喜欢理论分析和对概念做出冗长的解释；精于可操作、处理、分解或组合的真实事务。

2. 领导模式

对危机中的管理有充分准备；说服他人接受自己的观点；直率、自信的领导方式；按最有利的路径进行组织工作；重视行动和即时的结果。

3. 工作环境倾向性

喜欢与活泼、结果导向型、重视直接经验的人共事；有规则，但承认差异性的环境；能提供工作灵活性的环境；技术定向型的环境，有最新的设备；身体感到舒适的环境；对即刻的需求能做出反应的环境。

4. 潜在的缺点

过分集中于即时行为，而失去行为的更广阔、深远的意义；容易转移到下一个待解决的问题而不能坚持解决目前的问题；会被工作以外的活动吸引，如体育运动和其他娱乐活动。

5. 发展建议

需抑制自己的任务型定向，分析他人的情绪感受；需在快速决定之前，事先计划，考虑更多的因素；需完成眼前的任务再启动新的任务；需以适当的观点看待工作和娱乐。

6. 适合的职业

各类贸易商、批发商、中间商、零售商；房地产经纪人、保险经纪人；汽车销售人员；警察；餐饮、娱乐及其他各类服务业的业主、主管、特许经营者；自由职业者；股票经纪人、证券分析师、理财顾问、个人投资者；娱乐节目主持人，体育节目评论员，脱口秀、音乐、舞蹈表演者，健身教练，体育工作者等。

(六) ESFP(外向感觉情感知觉型)

1. 性格特征

外向、和善、乐于分享喜乐；喜欢与他人一起行动且促成事件的发生；知晓事件未来的发展并会积极参与；不死板，擅长人际交往，能立即适应他人与环境；享受生命，热爱生活。

2. 领导模式

喜欢从头来管理；擅长消除紧张气氛，把人们带入轻松的情境里；关注解决即时出现的问题；促进人际交流。

3. 工作环境倾向性

喜欢与有活力、轻松活泼、关注现实的人共事；活跃、行为定向的工作环境；快节奏的工作环境；喜欢与适应性强、喜爱自由的人打交道；强调和谐、友好、赞赏别人的环境；乐观、注重交往的工作环境；有吸引力、丰富多彩的环境。

4. 潜在的缺点

为保持和谐，过度强调主观性论据；行动前不太考虑眼前的事实；可能花太多的时间在社会关系上，而忽视任务本身；做事常常有始无终。

5. 发展建议

为减少非个体性冲突，做决策时需理智分析决策的意义；进行管理工作前应事先制订计划；需要平衡在任务和社交上的时间；对时间进行管理，完成计划。

6. 适合的职业

精品店、商场销售人员；娱乐、餐饮业客户经理；房地产销售人员、汽车销售人员、市场营销人员(消费类产品)；广告企业中的设计师、创意人员、客户经理；时装设计和表演人员、摄影师；节目主持人、脱口秀演员；旅游企业中的销售、服务人员、导游；社区工作人员、志愿工作者、公共关系专家；健身和运动教练；医护人员等。

(七) ISTP(内向感觉思考知觉型)

1. 性格特征

属于冷静旁观者——安静、预留余地、思维灵活，会以无偏见的好奇心与自然而然的幽默来观察与分析；兴趣倾向于探索事件的原因、效果、涉及的技术、运作方式，而且使用逻辑分析事实、重视效能；擅长于找出问题核心并找出解决方式。

2. 领导模式

以身作则；一视同仁、尊重每个人的价值；面临麻烦时，采用最有利的方法以快速做出反应；采用明晰、理性的管理原则。

3. 工作环境倾向性

喜欢与行为定向、关注当下情境的人共事；计划明确和任务明确的环境；重视理性分析的环境；奖励对问题做出快速反应的环境；提供工作自由度的环境；培养独立性和自主性的环境。

4. 潜在的缺点

只关注对自身重要的事而对其他事漠不关心；难以持之以恒；努力不足，过度注重利益而总是想着走捷径；犹豫不决，欠缺兴趣、活力、恒心。

5. 发展建议

需增强开放性，关心他人，与他人共享信息；需发展韧性，改变沟通模式；加强计划性，付出更多努力以获取想要的成功；需要想更多办法实现目标。

6. 适合职业

机械、电气、电子工程师，各类技术专家和技师，计算机硬件、系统集成专业人员；证券分析师、财务顾问、经济学研究者；贸易商、商品经销商、产品代理商(有形产品为主)；警察、侦探；体育工作者；飞行员；手工制作者；画家等。

(八) ISFP(内向感觉情感知觉型)

1. 性格特征

害羞、敏感、亲切且行事谦虚；喜欢避开争论，不对他人强加己见或价值观；对领导无异议，常是忠诚的追随者；办事不急躁，安于现状；喜欢有自己的空间，按照自订的时间表办事。

2. 领导模式

不喜欢担任领导，喜欢在团队中担任协调者的角色；以自己个人的忠诚来激发他人工作的积极性；常常更多地采用表扬和支持的方式评价他人，较少批评他人；善于随环境所需做出调整；通过了解他人良好的意图而温和地说服他人。

3. 工作环境倾向性

喜欢与善于合作的、喜欢安静地享受工作愉悦感的人共事；允许有个人空间的工作环境；喜欢与致力于和谐相处的人共事；喜欢与讲究礼貌的人共事；有灵活性和安全感的环境；有艺术感染力的环境；追求实际效果的环境。

4. 潜在的缺点

可能太信任他人，不愿持怀疑态度；为避免冲突而不批评他人；只关注眼前的损失；过度自我批评，容易受伤害。

5. 发展建议

学会以怀疑的态度分析他人提供的信息；学会如何将负面情绪反馈给他人，处理好冲突；接受更广阔、面向未来的观念；做事要更加果断，多多鼓励、赞赏自己。

6. 适合的职业

时装、首饰设计师，装潢、园艺设计师，陶器、乐器、卡通、漫画制作者，舞蹈演员，画家；出诊医生，出诊护士，理疗师，牙科医生，个人健康和运动教练；餐饮业、娱乐业业主；旅行社销售人员，体育用品、个人理疗用品销售员等。

(九) ENTJ(外向直觉思考判断型)

1. 性格特征

坦诚、具有决策力的活动领导者；擅长进行富有内涵与智慧的谈话；乐于经常吸收新知识且能广开信息渠道；容易过度自信；喜欢长远的策划及目标设定。

2. 领导模式

属于富有活力的行为导向型领导；为组织制定长远规划；必要时，采用直接而强硬的管理方式；喜欢足智多谋地解决复杂问题；尽可能参与组织管理。

3. 工作环境倾向性

喜欢与有能力、注重解决复杂问题的人共事；目标定向型的工作环境；有效率的组织系统和员工；奖励努力挑战的工作环境；环境中有意志坚定的人。

4. 潜在的缺点

过于关注任务而忽视员工的需要和对组织的贡献；忽略对现实的考虑，以及对现实局限性的认识；决策太迅速，表现得缺乏耐心，盛气凌人；忽视甚至抑制自己和他人的情感。

5. 发展建议

需要考虑人的因素，赞赏他人对组织的贡献；行动前，先检查现实、人力、环境资源是否可获得；决策前，花费些时间考虑和反思涉及工作的各个方面的因素；需要学会鉴别和重视自己和他人的情感。

6. 适合的职业

各类企业高级主管、总经理、企业主，社会团体负责人，政治家，投资银行家，风险投资家，股票经纪人，公司财务经理，财务顾问，经济学家，企业管理顾问，战略顾问，项目顾问，专项培训师，律师，法官，知识产权专家，大学教师，科技专家等。

(十) ENTP(外向直觉思考知觉型)

1. 性格特征

容易看清他人、反应快、聪明、擅长多种事务；会对问题的两面进行思考和辨析；富有策略地解决新的或有挑战性的问题，但会忽视或厌烦经常性的细小任务。

2. 领导模式

制定理论体系来满足组织的需要；鼓励他人的独立性；运用逻辑分析寻找变革的模式；在人与组织之间扮演促进者的角色。

3. 工作环境倾向性

喜欢与独立的、按理论模型解决复杂问题的人共事；有灵活性和挑战性的工作环境；变革型和非官僚作风的工作环境；有竞争力的工作环境；奖励挑战风险行为的工作环境；鼓励行为自主性和自由的环境；关注发展远景的工作环境。

4. 潜在的缺点

过多依赖定式而忘记现实状况；因竞争心理而不会赞赏他人的付出；因过分消耗自己而筋疲力尽；可能抵制正规的程序和准则。

5. 发展建议

需要注意各个方面的因素和基本事实；需要承认他人的贡献；需要设立合理的开始与截止期限，知道何时该结束；需要学会在组织里如何工作。

6. 适合的职业

投资顾问(房地产、金融、贸易、商业等)、各类项目的策划人和发起者、投资银行家、风险投资人、企业业主(新兴产业)、市场营销人员、各类产品销售经理、广告创意及艺术总监、访谈类节目主持人、制片人、公共关系专家、公司对外发言人、社团负责人、政治家等。

(十一) INTJ(内向直觉思维判断型)

1. 性格特征

有宏大的愿景、能在众多外界事件中快速找出关键点；具有良好的策划、执行能力、具有怀疑心、独到的眼光；独立和果断兼具，对专业水准及绩效要求高。

2. 领导模式

能促使自己和他人完成组织目标；坚定有力地贯彻执行组织的理念；要求自己和他人具备顽强意志。

3. 工作环境倾向性

喜欢工作中有果断、致力于完成长远愿景的人；工作环境中允许独立性和个体性的思考；强调效率的环境；鼓励和支持自主性的环境；提供创造机会的环境；任务定向型和重视详尽思考的环境。

4. 潜在的缺点

过于强硬，使他人不敢接近；理想化的想法难以成为现实；过度关注任务而忽视他人的贡献。

5. 发展建议

个性化的方法和想法要征求他人的反馈和建议；尽早与参与任务的人沟通、讨论自己的想法和战略计划；当现实不支持自己的想法时，应面对现实；明确鼓励和承认他人的贡献。

6. 适合的职业

科学家、研究人员、设计工程师、系统分析员、计算机程序师、研究开发部经理、技术专家、企业管理顾问、投资专家、法律顾问、医学专家、精神分析学家、经济学家、投资银行研究员、证券投资和金融分析员、投资银行家、财务计划员、企业并购专家、各类发明家、建筑师、社论作家、设计师、艺术家等。

(十二) INTP(内向直觉思考知觉型)

1. 性格特征

安静、灵活，具有适应力；特别喜爱追求理论与科学事理；是问题解决者，习惯以逻辑及分析来解决问题；对创意事务及特定工作感兴趣；追求可发挥个人强烈兴趣的职业生涯。

2. 领导模式

在概念上分析问题和目标；提供逻辑思维模式；追求自主性的同时也关注他人的独立性；依据他人的专业知识而非职位与其交往；追求与他人有智慧上的交流而非情感交流。

3. 工作环境倾向性

喜欢与独立思考、关注解决复杂问题的人共事；允许个体有充足的时间和空间进行思考的环境；能培养思维的独立性和创造性的环境；安静、尽可能少开会的环境；非阶级化和非官僚作风的环境；奖励自我决定的环境。

4. 潜在的缺点

过于理性；过多注意团队中不一致的地方；可能以批评及分析的方式和他人相处，行动不考虑个体感受。

5. 发展建议

需要关注现实中的细节，确立完成任务的具体步骤；需要简单地陈述事实；为获得他人的合作，需要放弃过于细节的问题；需要更好地认识他人，更多地表达对他人的赞赏。

6. 适合的职业

软件设计员、系统分析师、计算机程序员、数据库管理人员、故障排除专家、大学教授、科研机构研究人员、数学家、物理学家、经济学家、考古学家、历史学家、证券分析师、金融投资顾问、律师、法律顾问、财务专家、侦探、各类发明家、作家、设计师、音乐家、艺术家、艺术鉴赏家等。

(十三) ENFJ(外向直觉情感判断型)

1. 性格特征

充满热忱，对别人所想或所需会表达真实关切且用心去处理；能欣然且具有技巧性地带领团体讨论或进行演示；爱交际、受欢迎且富有同情心；对表扬及批评很在意；喜欢带领他人发挥潜能。

2. 领导模式

负责任、能鼓励他人、富于热情和积极赞扬他人；以参与的态度管理员工和工作；满足员工的需要，努力使每个员工满意；促使组织的行为与价值观一致；鼓励实施给员工带来利益的变革。

3. 喜欢的工作环境

喜欢与那些关注变革并欲通过变革改变的人共事；喜欢人际定向和社会型的环境；鼓励支持和称赞他人的环境；富有同情精神且和睦的环境；鼓励自我表现的环境；稳定而注重果断性的环境；注重反馈和秩序的环境。

4. 潜在的缺点

会对他人过于理想化评价，因而可能遭受他人表面忠诚的蒙蔽；有时回避有冲突的问题；因重视人际关系而忽视任务；过度自我批评。

5. 发展建议

需要认识他人的局限性，捍卫真正的忠诚；需要学会建设性地处理冲突；需要学会同时关注任务中的细节问题和完成任务的人；需要认真听取客观评价，少做一些自我批评。

6. 适合的职业

人力资源培训主管、团队培训员、职业指导顾问、心理咨询工作者、大学教师(人文学科类)、教育学及心理学研究人员、记者、撰稿人、节目主持人(新闻、采访类)、公共关系专家、社会活动家、文艺工作者、平面设计师、画家、音乐家等。

(十四) ENFP(外向直觉情感知觉型)

1. 性格特征

充满热忱、精力充沛、聪明、富有想象力，认为人生充满机会，但仍期待能得到他人肯定与支持；几乎能达成所有感兴趣的事；对难题很快就有对策，并能对有困难的人施以援手；为达目的常能找出强制自己为之的理由。

2. 领导模式

富活力、热情，喜欢进行首创性管理；经常是重要事件的发言人，工作中提倡和支持人的自主性；关注如何激励他人，如何鼓励他人付诸行动。

3. 工作环境倾向性

喜欢与想象力丰富、致力于未来发展的人共事；允许展现交际能力和智力的环境；爱好与不同的人分享不同的观点；提供变化和具有挑战性的环境；鼓励提出观点和想法的环境；有弹性、自由度大、限制少的环境；气氛愉悦的环境。

4. 潜在的缺点

在没完成已经提出的计划之前，注意力又转移到新的想法和计划上；忽视相关的细节和事实资料；过分扩展，尝试做的事情太多；因寻求可能的最佳结果而拖延工作。

5. 发展建议

根据重要性，事先做好安排，先做最重要的，并坚持到底；需要关注重要的细节；需要学会筛选任务，不要试图去做所有具有吸引力的任务；为达到目标，需制订计划和进行时间管理。

6. 适合的职业

儿童教育老师、大学老师(人文类)、心理学工作者、心理辅导和咨询人员、职业规划顾问、社会工作者、人力资源专家、培训师、演讲家、记者(访谈类)、节目策划和主持人、专栏作家、剧作家、艺术指导、设计师、卡通制作者、电影制片人、电视制片人等。

(十五) INFJ(内向直觉情感判断型)

1. 性格特征

会在工作中投入最大的努力；默默且用心地关心他人；因坚守原则而受到敬重；想了解什么能激励他人，对他人具有洞察力；光明磊落且坚信其价值观。

2. 领导模式

具有使个体和组织获得最大利益的远见；从合作中获益；通过工作来实现自己的理想和抱负；意志坚定地激发他人实现理想。

3. 工作环境倾向性

工作环境中有致力于将创造未来作为理想的人；有表现创造性和展示自我价值机会的环境；环境中鼓励营造和谐气氛和体谅他人；在管理机制上能尊重他人需求；奖励个体的远见卓识；提供安静思考的工作环境。

4. 潜在的缺点

不太能坦率地给予他人批评；不太愿意强迫别人，且过度保守；仅从单一维度来考虑对将来最有益的事。

5. 发展建议

学会及时给他人建设性的反馈；不断地征求他人的建议和获得他人反馈；需以更放松和开放的态度来面对现状。

6. 适合的职业

心理咨询工作者、心理治疗师、职业指导顾问、大学教师(人文学科、艺术类)。

(十六) INFP(内向直觉情感知觉型)

1. 性格特征

安静观察者；希望外在生活形态与内在价值观相吻合；具有好奇心且很快找到机会之所在，常常扮演提出新创意的创新者；适应力及承受力强；对所处境遇和拥有的物质不太在意。

2. 领导模式

倾向发挥独特的领导能力而不是担当传统性的领导角色；更倾向于表扬他人，而避免批评他人；鼓励员工以行动实现理想。

3. 工作环境倾向性

喜欢和有重要价值观、令人愉悦、效忠组织的人相处；处在合作、轻松氛围的环境里；允许展现个性，也有集体共同参与的环境；环境中提供灵活、有弹性的工作程序，最少的规则；非官僚主义的环境；安静并有时间和空间进行思考的工作环境。

4. 潜在的缺点

因完美倾向而延误完成任务；一次行为想让太多的人满意；没有调整理想符合客观现实的愿望；思考多于行动。

5. 发展建议

需要学会怎样工作而不是只注意寻求期待的反应；需要坚强的意志，并愿意说“不”；需要用自己的准则分清事实和逻辑；需要建立和执行行动计划。

6. 适合的职业

各类艺术家、插图画家、诗人、小说家、建筑师、设计师、文学编辑、艺术指导、记者、大学老师(人文类)、心理学工作者、心理辅导和咨询人员、社科类研究人员、社会工作者、教育顾问、图书管理者、翻译家等。

练习4-2

(1) 分析你最喜欢的职业需要具备哪些性格特点。

(2) 你感兴趣的职业有哪些？哪个更符合你的性格类型？

(3) 在与你的性格代码相差1或2个代码的职业中，哪些职业是你有能力通过调整自己而去适应的呢？

(4) 请你为外向(E)和内向(I)、感觉(S)和直觉(N)、思考(T)和情感(F)、判断(J)和感知(P)4个维度内部相互转化的难易程度排序。

(5) 假设你已经在某个心仪的岗位上工作了，但你逐渐发现自己的性格无法完全匹配该职业的要求，在不离职的情况下，你将用哪些方法满足该职业的要求？

二、性格与职业发展

性格是真实的自我。如果性格能够跟职业匹配的话，工作中有用功就会比较多，他(她)的工作效率会很高，这种工作关系也会比较持久。

如果性格与职业不匹配，我们应该如何处理呢？

首先要接纳自己。如内向(I)型的人如果从事教师行业，那么授课、与学生沟通这些工作对他来说都是耗能的过程，回到家之后就不想再讲话。从性格的角度分析，内向(I)型的人充电的方式是对内思考，需要安静，因此静静地待着就是内向(I)型人充电的方式。

其次，我们可以通过其他角色进行生涯平衡。要明确的一点是，即使性格与职业匹配，也没有任何一份职业会与性格完全匹配。所以我们要学会通过其他角色进行调整。比如知觉(P)型的人从事着会计职业，而知觉(P)型性格特点中包含着灵活、随性，他(她)就可以在休闲生活中来场说走就走的旅行，从而得到补充和平衡。

再次，我们要学会适应。学习性格的目的不是为了改变他人的性格来适应我们，而是完善我们的人格从而适应环境。职场往往不是“权力的游戏”，而是“演员的诞生”，所以在职场上我们要明确企业对员工的要求和期待，通过不断提高能力，完善自己的人格，适应职场的需要。

最后，性格没有好坏之分。大学阶段，我们还有选择权，明确自己的性格特点，可以在职业生涯规划中扬长避短，或者努力地补短，为职业生涯做好充分的准备。

技能探索

本章重点

- 了解能力与技能的概念和分类，正确认识技能
- 认识并辨识自己的技能，理解技能的重要性
- 了解技能与职业生涯发展的关系

案例导入

刘刚在一家国际互联网公司做创意总监。他对职业的满意度非常高，公司也很欣赏他的业务能力和管理能力。中学时期，刘刚的成绩中等，且语文和数学这两科成绩较差，因此刘刚未受到父母和老师的重视，他自己对未来的职业成就也没有过多的期待。但刘刚一直喜欢绘画和摄影。他喜欢观察生活的细节，喜欢用画笔或镜头捕捉细节并表现出来。在当时这被家长认为是“耽误学习”的活动。刘刚进入大学后，学的是平面设计，他的个人能力开始展现出来，他设计的作品常常受到老师称赞。大学毕业后，刘刚顺利进入这家国际互联网公司，从美编做起，一直做到创意总监，整个过程非常顺利。在他进入职场后，数学和语文方面的能力已不是他工作的重点，而较高的视觉空间能力成了他的优势。

第一节　能力与技能

一、能力的概念

从定义来看，能力是顺利实现某种活动的心理条件。能力具有经常性、稳定性等特点，是影响活动效果的基本因素。能力的高低会影响一个人从事活动的快慢、难易和巩固程度。例如，一个具有较强动手能力的人，学习工程专业会觉得容易些，知识掌握得也更快，这是因为他所具备的能力与从事的活动要求相匹配。能力是与活动紧密相连的，离开了具体活动，能力就无法形成和表现。

能力有一般能力和特殊能力之分，前者指符合许多基本活动要求的能力，如学习能力、记忆能力、观察力等；后者指符合某种专业活动要求的能力，如乐器演奏、体育竞技中所需要的各种能力。不同的职业岗位既要求具备一些一般能力，也要求具备某些特殊能力。

潜能即能力倾向，具有潜在性、适应性、容纳性、可能性等特点，具有遗传方面的特征，同时包含经过训练后发展的潜在可能性。技能及潜能是用人单位特别感兴趣的方面，简言之，能力既包括你现在能做什么，也包括你将来的职业发展潜力，即你是否有可能承担某些工作。能力的分类如图5-1所示。

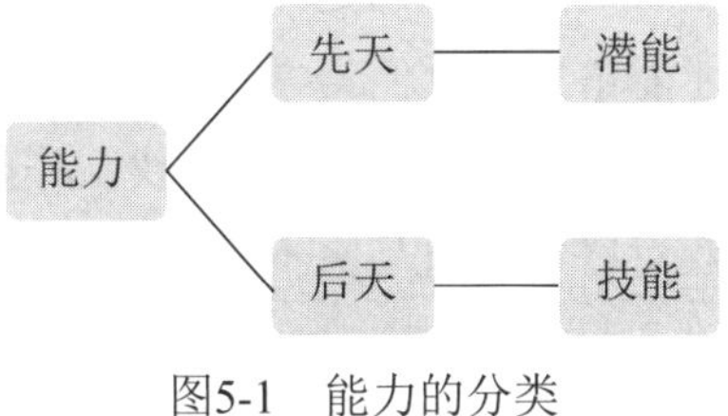

图5-1　能力的分类

二、技能的概念

技能是指人们通过后天的学习和练习而获得的能力，一般来讲，职业对任职者的能力要求主要是技能层面的。职业能力是一个人有效地完成特定职业活动所必需的各种能力特征的总和，既包括人们获得教育、培训之前的能力倾向，也包括个人在社会生活中积累的职业经验和通过教育、培训获得的学历与技能等。通常表现为某种动作方式和动作系统。动作方式和动作系统有时表现为操作活动，有时表现为心智活动。

当一个人的能力和工作的要求相匹配时，最容易发挥自己的潜能，并且获得一种满足的感觉；当一个人去做自己力所不及的工作时，就会感到焦虑，甚至产生挫败感；当一个人能力超出工作要求太多时，他又感觉工作缺乏挑战，工作比较乏味。因此，在选择职业时，我们同样要寻求个人能力与职业技能要求的匹配。我们需要清楚能力有哪些分类，从而清楚自己具备了什么样的能力、职业要求你具备什么样的能力。

与能力相关的还有一个重要概念，就是自我效能感(Self-efficacy)。所谓自我效能感，是指个人对自己的能力以及运用该能力将得到何种结果所持的信心或把握程度。研究发现，在实际生活和工作中，对个人行为起决定作用的往往不是个人实际能力的高低，而是个人的自我效能感。比如，成人学习英语并不比孩子学说话更难，唯一的区别可能只在于：我们从来不会认为有哪一个孩子学不会说话，却常常怀疑自己能不能娴熟地说英语。在心理咨询中，我们常见到有的人本来能力不错，却由于自卑的原因而束缚了自己，做事畏首畏尾，不能充分发挥自己的才能。这些都充分说明了自我效能感对个人发展的影响。

第二节　技能的分类

辛迪·梵(Sidney Fine)和理查德·鲍尔斯(Richard Bolles)将技能分成三类：专业知识技能、可迁移技能和自我管理技能。这三种技能在一个人的职业发展过程中都起到很大的作用。

一、专业知识技能

专业知识技能是指需要通过教育或者培训才能获得的知识或能力，也就是个人所学习的科目、所懂得的知识。比如你是否掌握外语、计算机、电脑编程等，专业知识技能一般用名词来表示，主要考查的是人们对知识掌握的广度和深度。

专业知识技能不可迁移，也就是说，它们是一些特殊的语汇、程序和学科内容，必须经过有意识的记忆、专门的培训才能掌握。它们常常与我们的专业学习或工作内容直接相关。正因为如此，许多大学生由于不喜欢自己的专业，在找工作时往往陷入两难的境地。一方面，他们认为找工作必须“专业对口”，但是又不喜欢自己的专业，不想将之作为自己从事一生的职业；另一方面，如果“专业不对口”，自己不是“科班出身”，则担心自己与专业出身的应聘者相比缺乏竞争力，甚至觉得很难跨越专业的鸿沟。在这种情况下，似乎唯一可行的方式就是通过考研来更换专业。

事实上，专业知识技能并非只有通过正式的专业教育才能获得，课外培训、专业会议、讲座、研讨会、自学、资格认证考试等方式都可以帮助个人获得专业知识技能。此外，很多公司为新员工提供相关的上岗培训。例如，某著名的会计师事务所的新员工培训内容就是针对非专业学生补充财会基础。由此可见，即使是一些专业要求较高的职业如会计师等，其专业技能也可以在就职后的培训中获得。实际上，越是大的公司，越是看重个人的综合素质(也就是“可迁移技能”与“自我管理技能”)，而不那么在意个人是否已经具备专业知识。不少外企在校园招聘时已不再区分学生的专业背景。

练习5-1

盘点自己的知识体系，回顾自己接受过的教育、培训和参加过的实践活动，尽可能地列出自己所掌握的知识技能。

(1) 通过系统的教育，我掌握的专业知识技能有哪些？

(2) 通过参加社会实践活动，我掌握的专业知识技能有哪些？

(3) 通过兼职或单位实习，我掌握的专业知识技能有哪些？

(4) 通过参加专题培训和短期学习，我掌握的专业知识技能有哪些？

(5) 通过个人兴趣爱好活动，我掌握的专业知识技能有哪些？

(6) 通过其他途径，我获得的专业知识技能有哪些？

二、可迁移技能

可迁移技能就是个体所能胜任的活动，即一个人会做的事。这种技能往往通过观察、实践、思考等过程获得，因其具有通用性，所以被称为可迁移技能。可迁移技能是用人单位最看重的部分，比如教学、组织、沟通、设计、安装、帮助、计算、分析、搜索、决策、维修等，可迁移技能一般用动词来表示，主要考查的是对某项活动的熟练程度。

可迁移技能是个人最能持续运用和最能够依靠的技能。与专业知识技能相比，可迁移技能无所谓更新换代，而且无论你的需求和工作环境有什么样的变化，它们都可以得到应用。随着我们工作经验和生活阅历的增加，可迁移技能还会得到不断地发展。索尼技术中心会计部一名经理曾经说过：我在招聘时，最为看重的是他的人际沟通能力。这项能力极其重要，因为必须有能力与人交谈才能获得需要的信息，我把80%的时间用在与索尼其他部门打交道上，我的员工也花费大量时间与本部门之外的人打交道。

事实上，专业知识技能的运用都是在可迁移技能基础之上的。举例来说，你的专业知识技能也许是外语，但你将怎样运用它呢？是“讲授”外语，还是在外企从事“笔译”“口译”相关工作，或是“写作”外语相关书籍，这些加引号的词都是可迁移技能。你以前可能没有正式当过教师，但是通过当家教、在课堂上汇报讲解小组科研项目等经历，你已经具备了“教学”的技能。当你把“教学”技能与“外语”知识结合在一起时，你就可以去应聘相关的职位了。

从这个意义上说，在求职的时候，尽管你从来没有从事过某个职务，但只要你实际上具备这个职务所要求的种种技能，你就可以证明自己有资格去从事它。因此，如果你并不是“科班”出身，仍然有可能跨专业就业，尤其是从事那些对知识技能要求并不是很高而可迁移技能占重要地位的工作。比如，也许你并不是营销专业的学生，但凭着良好的人际交往技能，你曾经担任过某公司的校园代理，并在地区销售评比中取得过好成绩。从可迁移技能的角度看，这样的经历足以使你成功地应聘一个公司的销售职位。

学习文学、历史、哲学等人文专业的学生常常感到苦恼，因为他们所学的专业似乎不如计算机、建筑、机械等理工科的专业实用。事实上，人文专业的学习除了使他们具备一些专业知识以外，也使他们掌握了许多可迁移技能，如沟通技能(在课堂上有效地倾听、小组讨论、写作论文)、问题解决技能(分析和抽象思维，给出同一问题不同的解决方案，说服他人按既定的方案行动)、人际关系技能(与同学合作去完成老师布置的任务)、研究技能(搜索数据库或检索书面参考资料、发现和形成主题、收集和分析数据、调查问题)等等。

练习5-2

撰写成就故事。

请写下让你有成就感的5件事情，并进行分析，看看这些事情反映出你具备哪些可迁移技能。

注意：(1) 成就故事可以是学习、生活的各个方面，不限于工作领域。“成就”代表的含义是自己感到满足，有价值感，为之兴奋或激动，也可以包括外界的认可或好评。

(2) 每个成就故事应当包括以下5个要点：想达到的目标；你面临的困难和挑战；你是如何一步步克服困难、接受挑战的；你取得的成就；你使用的技能。

成就故事1：____

____

成就故事2：____

____

成就故事3：____

____

成就故事4：____

____

成就故事5：____

____

整理以上故事中你多次运用的技能，这些多次运用的技能就是你已经掌握的可迁移技能。

三、自我管理技能

自我管理技能是一个人在工作中所表现出来的特征和品质，可通过认同、模仿、领悟等途径获得，也被称为职业素养。自我管理技能是影响职业生涯成功与否的关键。自我管理技能经常被看作个性品质而非技能，是因为它们被用来描述或说明人具有的某些特征。它涉及个体在不同的环境下如何管理自己，是勇于创新还是循规蹈矩，是认真还是敷衍了事，能否在压力下保持镇定，是否对工作有热情，是否自信，等等。自我管理技能一般用形容词或副词来表示，大多时候无法在短期内被准确识别，需要在深入且全面地了解一个人后才能做出判断。

良好的自我管理技能能够帮助个体更好地适应周围的环境、应对工作中出现的问题，因此它也被称为“适应性技能”。一个人是如何使用自己的专业知识、以什么样的态度从事工作的，这甚至比工作内容本身更为重要。正是因为某些人拥有一份工作所需品质和态度，才与具有相同知识技能的其他候选人区别开来，最终得到这份工作，并能够适应新的环境和规则，在工作中取得成就，获得加薪和晋升。因此，有人称自我管理技能为“成功所需要的品质、个人最有价值的资产”。

在用人单位对刚毕业大学生的评价中，我们经常听到的就是“缺少敬业精神、没有服务意识、眼高手低、不认真不踏实、没有主动进取精神”等等，而这些评价都是与自我管理技能相关的。很多大学生因为从小受到父母、老师的呵护，所以缺乏自我管理技能，在处理工作问题和人际关系上往往显得不成熟，以自我为中心。可以说，大学生从校园走向社会之前，培养良好的自我管理技能，学会如何为人处世是至关重要的。

在大学阶段，学生可以参加一些社团活动和社会实践，这有助于大学生在实际工作中更好地认识自己，了解自己的长处和不足；还可以通过与他人的比较、听取他人的反馈来更恰当地认识自己。

练习5-3

来看看他人眼中的“我”。

(1) 从他人眼中获得对自我形象的了解是非常有益的。你可以试着问他人(至少10人)一个问题：我在你眼里有什么特点？将他人的回答总结记录下来，形成对自我的描述。

(2) 通过这个练习，你对自己有什么新的发现和认识？

第三节　技能与职业发展

一、技能与职业生涯发展的关系

心理学家罗圭斯特与戴维斯(Lofquist＆Dawis)在对个体的工作适应问题进行多年研究以后，提出了明尼苏达工作适应论(见图5-2)。他们认为：当工作环境能够满足个人的需求时，个人会感到“内在满意”；而当个人能够满足工作的要求时，个人能够达到“外在满意”(即令雇主、同事感到满意)；当个人能够同时达到内在和外在满意时，个人与环境之间的关系就比较协调，个人的工作满意度会比较高，其在该工作领域也能持久发展。

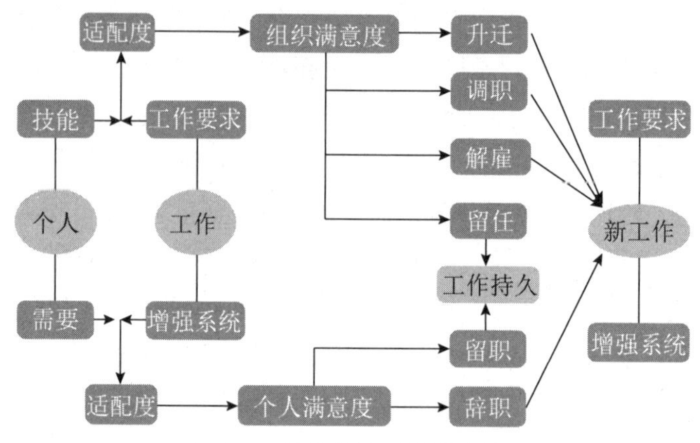

图5-2　明尼苏达工作适应论

在对“内在满意”和“外在满意”这两个指标的衡量当中，技能都占有很重要的地位。罗圭斯特与戴维斯认为，“外在满意”主要可以通过衡量个人职业技能与工作要求之间的配合程度来进行评估；而在“内在满意”方面，主要通过衡量个人价值观与企业文化及奖惩制度之间的适配性来评估。我们不难看到，做自己能够胜任的工作，培养和发展自己的技能，发挥个人的潜能，常常是个人选择职业时的首要需求，即与能力相关的价值观。由此可见，技能与个人的职业满意度、工作适应性以及职业稳定性具有直接的相关关系。

二、雇主们最重视的技能

雇主们最重视大学毕业生的教育背景、经验和态度的综合素质。有些领域需要专门的知识或证书(如医学、程序设计、化工等)，但大部分职业并不要求有什么特殊的知识技能，而需要的是一些更为普遍的技能和素质(即可迁移技能和自我管理技能)。根据美国“全国大学与雇主协会”(National Association of Colleges and Employers)的调查，美国雇主们最为重视的技能和个人品质按顺序排列如下：

(1) 沟通能力

(2) 积极主动性

(3) 团队合作精神

(4) 领导能力

(5) 学习成绩

(6) 人际交往能力

(7) 适应能力

(8) 专业技术

(9) 诚实正直

(10) 工作道德

(11) 分析和解决问题的能力

我们可以看到，专业知识技能排在第5项和第8项；第1、4、6、7、11项属于可迁移技能；而第2、3、9、10项都是自我管理技能。

美国劳工部及美国生涯咨询和发展协会(National Career Development Association)对雇主进行的另一份调查结果也显示：雇主们非常重视员工的可迁移技能和自我管理技能。具体技能和个人品质如下：

(1) 善于学习

(2) 读、写、算的能力

(3) 良好的交流能力，包括听、说能力

(4) 创造性思维和解决问题的能力

(5) 自尊、积极、有奋斗目标

(6) 有个人和事业开拓能力

(7) 交际、谈判能力及团体精神

(8) 良好的组织和领导能力

事实上，中国雇主们所看重的同样是这些能力。许多企业在招聘人才时不仅重视人才的学习成绩，更重视其综合能力，如良好的沟通、表达能力，较强的分析、组织能力及领导能力，尤其是团队精神。

三、发现自己的成就及技能

在对技能分类的讲解中，我们通过“他人眼中的我”“撰写成就故事”等方法来了解和发掘个人技能。此外，我们可以通过更多的方式来发现自己的成就和技能。

(一) 可衡量的业绩

回顾一下，在你过往的历史中，有些什么样的业绩是可以量化的？除了一些常见的如“期末考试全年级总评第三”或“连续三年获得一等奖学金”以外，还有没有一些其他的事情是可以用数字来说明你的成果的？如“作为校学生会文艺部长，成功组织了300余人的大型表演活动”“在兼职××化妆品牌销售期间，提高了当月部门的销售额达10%”等。这样的一些数据可以非常具体翔实地说明你取得的成绩，能给人以更深刻的印象。当然，如果你要在简历或面试中提及这些例证，最好要明确在这些事例中你使用了什么样的技能来帮助你取得这样好的业绩。

(二) 来自他人的认可

来自他人的认可可能以你所得到的奖励(如获得“校演讲比赛二等奖”)、升职(如被同学们选举为班长)的形式体现，也可能以他人对你直接的书面或口头表扬(比如你的服务对象对你的好评)的形式体现。在总结你得到了哪些他人认可时，你需要细心思考和回顾下列问题：

你是否曾经从数人中被选出来担当更多或更大的责任？比如被老师选出来专门负责某一事务？而这是否意味着你在某个方面的能力比其他同学更加出色或是更认真负责？

你的同学、朋友或上司是否总是依靠你来完成某件事情？他们认为你特别擅长做的事情是什么？

如果一个了解你的人(老师、领导、雇主、同学、服务对象、同事)要向别人推荐你，他/她可能会说些什么？

如果你离开了现在位置(无论是你的宿舍还是你在学生社团或兼职实习的位置)，你的同学或同事会因为你的离去而感到某种不适或遇到某方面困难吗？

对所有这些问题的回答，有可能反映出你个人所擅长的、为人称道的能力和品质。如果你感到回答这些问题有困难，可以直接与周围的人谈谈，请他们帮助你。

四、能力不足如何应对

生涯规划实践中常有学生提出关于技能的种种疑虑，例如，与优秀的同学相比，你感到自己各方面能力都有欠缺，因为难以在短期内达到较高水平而沮丧；你在某些方面的能力很强，但在其他方面的能力很弱，两者差距很悬殊，你担心影响未来的职业表现；你希望提升自己，却不知道哪种能力最值得投入时间和精力。这些疑虑涉及我们对能力持有何种观念。

(一) 发展能力的重点是发挥优势

曾经有一种关于能力的观念很流行：人的发展高度取决于人的最短板，即木桶理论，一个木桶能装多少水，取决于它最短的那块板。木桶理论曾经让很多大学生忙于补自己的短板，希望自己的木桶能装更多的水，自己能获得更高的职业成就。然而这个理论近年来得到了更好的诠释，木桶能装多少水，不仅取决于最短的那块板的高度，还取决于木桶的直径、木板的弧度、桶底的承受力等因素。这样一来，最短的板有多高，似乎不是关键因素了。我们从中得到的启发是，任何一件事情的成功不取决于单一的因素。补能力的短板也许是完善自己的路径之一，然而要想提高自己的竞争力，增强自己的综合能力，还有其他的方法。现在比较认可的是发展优势。在现代社会，一个人的优势能力将是其区别于他人的标志性特征，能够让他在擅长的领域做出成就。所谓“扬长避短”就是要在自己有天赋、有基础的能力方面继续下功夫“深耕”，具有一技之长，积累发展的基础。

(二) 合理接纳自己的能力限度

常有大学生提出以下问题：“老师，我的组织协调能力不行，我要怎么提高？”“老师，我的总结概括能力太差了，我该怎么提高？”“老师，我不喜欢与人沟通，我要怎样才能让自己健谈呢？”对于这些情况，我们要弄清楚这些能力是否需要必须提高？在自己能达到的能力范围之内吗？我们举个例子来说明：某个学生的霍兰德职业兴趣类型表现为艺术型，他的组织协调能力的确是稍逊一筹的，其优势是具有创造性和审美感，这样，他在选择工作领域的时候就可以选择与创造性、审美相关而不太需要很强的组织协调能力的岗位。

现代社会分工合作的特征越来越明显，并不需要一个人同时具备所有的能力。性格类型是内向型的大学生，他们并不具备健谈的特点，但善于自省，这类学生可以选择需要从业者有自省的能力而不把健谈作为对从业人员的首要要求的工作。例如编辑、作家、财务、音乐制作、医疗等工作。因此，大学生要合理接纳自己的能力限度，不要陷入对能力的无限追求中。

(三) 找到应发展重点的能力

有些同学认为自己的能力和兴趣不在同一个领域，有能力做的工作，没兴趣；有兴趣做的工作，能力又不够。这其实涉及三种技能的掌握情况。职业能力通常与专业知识技能相关，而有兴趣的领域由于不是所学专业，因此专业知识技能的积累不够，造成暂时的能力不足。自我管理技能和可迁移技能不是通过专业课程所能学到的，但这两种技能对工作的帮助往往更大。如果你具备了这两种能力，那么其他专业知识的学习并不难。因此，在现代社会，相比知识技能，更需要重点发展的是自我管理技能和可迁移技能。

(四) 对能力的探索也是自我认知的提升

有些大学生认为自己能力平平，和他人相比无优势，认为自己具备的能力别人都具备，别人具备的能力自己却不具备。这样的理解是不全面的，大学生应该加强对自己能力的探索。这是因为学生时代的能力评价体系大多局限在学习方面，比较单一，而职场人的能力评价体系更加社会化，对人的要求更全面，更立体，有些优势能力在学习阶段并没有体现出来，需要我们去探索。例如，独立的研究能力和创新性在求学时期较少有机会展现，但具备这些能力的人，在一个研究型的工作岗位上就能将这些能力发挥出来。探索能力的过程也是自我认知不断提升的过程，大学生要不断学着去探索自己已经具备但未明显体现出来的能力特征，为职业生涯规划做好准备。

小贴士

技能词汇清单

1. 专业知识技能词汇

从下面的专业知识技能词汇清单中圈出你所知道的。如有可能，用一个更具体的词来替换这里的词汇。比如，如果你圈出了“外语”这个词，根据你所掌握的外语方面的知识，你可以把它替换成“英语”或“日语”。

美学、会计、管理、农业、解剖学、声学、杂技、飞机、动物、考古学、人类学、制陶术、工程学、地理、庆典、发动机、构造、仪器、娱乐、设备、仲裁、化学药品、建筑、教堂、高尔夫球、数学、城市、政府、艺术、艺术史、家庭、机构、气候、图表、时尚、计算机、文学、天文学、语言学、语法、运动、颜色、肥料、原子、喜剧、电影、金融、手工艺品、儿童养育、计算机、财务记录、卫生保健、信仰、消防、化妆品、急救、历史、生物学、园艺、插花、植物学、外语、卫生、卡通、地理学、新闻业、商品、心理学、养育、国际关系学、汉语言文学……

2. 可迁移技能词汇

从下面的可迁移技能词汇清单中圈出所有你拥有的可迁移技能。如果某项技能使你回想起你的成就，则写下这项成就的名称。请思考，你所具备的这些技能和你的职业方向有怎样的关联?

收集、比较、交流、完成、面对、学习、领导、调节、集中、倾听、培养、纠正、发展、发明、生产、探测、研究、咨询、设计、创造、证明、编程、计数、保护、宣扬、提升、测量、提问、阅读、推理、维修、指导、计算、阐述、引导、促进、说服、购买、感受、装配、追随、组织、识别、执行、管理、表演、分析、劝告、预测、制图、照顾、选择、分类、建设、控制、烹调、记录、描绘、激发……

3. 自我管理技能词汇

从下面的自我管理技能词汇清单中挑选出你认为符合自己情况的词，然后思考：为什么会这样描述自己，有哪些实际生活和工作的例子可以用来证明你的结论。

诚实、正直、自信、开朗、合作、耐心、细致、慎重、认真、负责、可靠、灵活、幽默、友好、真诚、热情、投入、高效、冷静、严谨、踏实、积极、主动、豪爽、勇敢、忠诚、直爽、现实、执着、机灵、感性、善良、大度、坚强、随和、聪明、稳重、热情、乐观、朴实、渊博、机智、敏捷、活泼、灵活、敏锐、公正、宽容、勤奋、镇定、坦率、慷慨、清晰、明智、坚定、乐观、亲切、好奇、果断、独立、成熟、谦虚、理性、周详、客观、平和、有创意、有激情、有远见、有抱负、有条理、想象力丰富、善于观察、坚忍不拔、足智多谋、精力旺盛、思维开放、多才多艺、彬彬有礼、善解人意、吃苦耐劳……

技能词汇清单的一个好处是词汇比较丰富，可以启发思路，让个人更全面地看到自己所拥有的技能。

现在，你是否对自己的技能有了更多的了解，知道自己这块“地”里的“金子”是什么?很多时候人们并不清楚自己的长处，对自我技能进行探索的目的，就是要帮助个体认识到自己在已往的岁月中其实已经掌握了相当多的技能，从而能够对自己有更好的定位，做到“扬长避短”。对你来说，最重要的是把精力集中在你擅长并且喜欢的技能上。考虑一下：在你未来的职业中，哪些技能最可能被用到?上述哪些技能需要进一步拓展?怎样去拓展这些技能?

练习5-4

完成图5-3的三叶草模型，看一看有没有同时出现在三个圆里面的？同时出现在两个圆的有哪些？这个探索过程，将给你带来哪些改变？

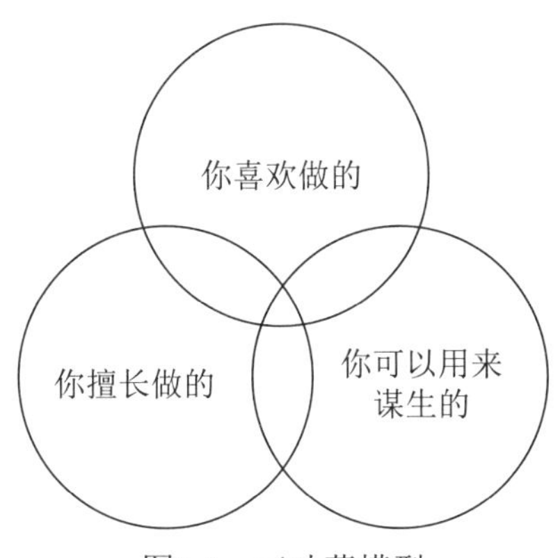

图5-3　三叶草模型

(1) 你喜欢做的事情：无论自己能力高低，也无论他人如何评价，你依旧乐此不疲的事情有哪些？无论是在工作，还是生活中，你喜欢做的事情都有什么？

(2) 你擅长做的事情：无论你是否喜欢，你擅长的技能有哪些？相对于周围的人，你在哪些方面有很好的表现？

(3) 你可以用来谋生的技能：哪些事情可以满足你生存的需要？假如有一天走投无路，你可以用来谋生的技能有哪些？

价值观探索

本章重点

- 了解价值观和职业价值观的概念，探索价值观的作用
- 通过测评，探索人生价值观和职业价值观
- 了解价值观与职业生涯发展的联系
- 自我探索部分综述

案例导入

小杨是一名大学二年级的学生，经过职业生涯课程的学习，他将自己的目标定为进入企业就业。按照自己的计划，首先要尽可能地学好专业课程，取得好成绩；其次要积极参加学生组织的活动，多与同学、老师沟通，力所能及地完成好各项工作，以丰富自己的见识，培养沟通、协调能力，提升综合素质。同时，他也在收集不同企业的岗位招聘信息，以做好就业准备。小杨通过跟学长和学姐的聊天发现，本专业很多学生选择了需要长期外派国外的工作。这些工作需要经常出差，工作条件比较艰苦，自然环境也不算很好，远离祖国和家人，节假日很难与家人团聚，经常加班，但个人提升空间较大，有很多新东西可以学习，薪酬待遇相对来说很可观。还有一些同学选择了另外一类几乎完全“相反”的工作——不用出差，很少加班，平时需要处理事务性工作较多，但很少有突发事件需要处理，工作环境稳定，工作时间和工作内容很有规律，更多的是靠积累的经验处理工作，每个人的上升通道都比较确定，只要自己肯努力，还是有上升的机会的，薪酬虽然不是最多的，但足够维持生活所需。小杨觉得每种工作都有吸引自己的理由，但选择任何一份工作，都必须放弃另外一些吸引自己的“理由”，究竟什么样的工作才是最好的选择呢？有没有“完美的”工作呢？小杨比较迷茫。

第一节　价值观

一、价值观的概念

价值观是人们在做选择和判断时最为看重的原则、标准和品质，是人用于区别好坏，分辨是非及其重要性的心理倾向体系。价值观反映人对客观事物的是非及重要性的评价。

如果我们把价值观比作一把尺子，用以度量客观事物的是非或重要性，当我们把大家的尺子放在一起时，会发现每个人的尺子都不太一样。因此，每个人对待同样的客观事物会有不同的观点，甚至你会发现，过去的自己、现在的自己用以度量的尺子也会发生一些改变。

不同的人有不同的价值观，以及同一个人在不同时期反映出不同的价值观，个体性、文化性、稳定性和可变性是价值观的基本属性。

(一) 个体性

由于每个人先天条件和后天环境不尽相同，每个人都会形成自己的价值观，因此面对相同的客观事物，不同的人动机不同，行为自然也会不同。

(二) 文化性

人们总是生活在一定的社会历史条件下，价值观的形成自然受到社会环境的影响，在与他人相处的过程中，价值观也会受到他人的影响，比如父母、老师、朋友、同事等。

(三) 稳定性

价值观是人们思想认识的深层基础，是随着人们认知能力的发展，在环境、教育的影响下，逐步培养而成的。科学的价值观能够引导人们正确地处理生活中各种事件，而人们的价值观一旦形成，便是相对稳定的，具有持久性。

(四) 可变性

随着年龄的增长，人们的价值观逐渐成熟。由于环境的改变、经验的积累、知识的增长，人们的价值观可能发生变化。

练习6-1

下面是8个装有不同“神奇药水”的瓶子，每种药水都有不同功效，如图6-1所示。

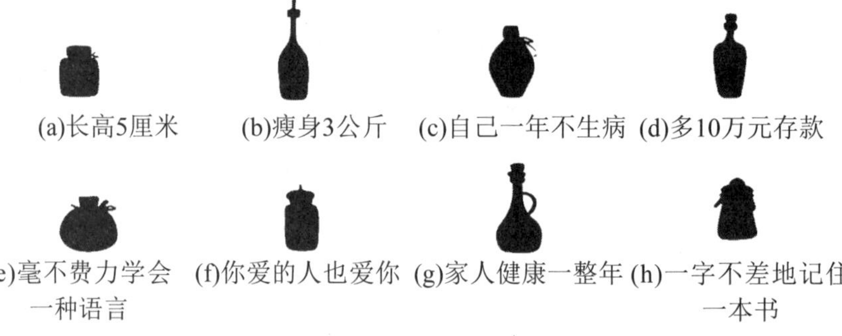

图6-1 “神奇药水”及其功效

(1) 现在你只能挑选一个瓶子并饮下“神奇药水”，你的选择是哪一个？

____

____

(2) 你身边的同学与你的选择是一样的吗？请和大家分享一下你的选择。

____

____

通过这个小活动，你会发现身边的同学可能与你的选择不同。每个人在做选择和判断的时候，选取的“尺子”都是不一样的，这就是不同的人体现出不同的价值观。你会发现，无论我们选择了哪一个选项，都无对错之分，只是每个人看待事物的角度不同而已。

二、价值观的作用

价值观是我们在考虑问题、进行抉择时所注重的原则和标准，它在生命成长和生涯发展中往往起到决定性的作用，在一定程度上甚至可能超过兴趣和性格对个人的影响。

(一) 价值观具有决定作用，影响人们对目标、事物的选择

价值观是决定人们的期望、态度和行为的心理基础，在同样的客观条件下，具有不同价值观的人会产生不同的理想、需要、动机和行为。

价值观是人们行为的基本的内部指针，个体价值观的形成，除了自我选择，还需要内心认可，并按价值观行事，把它作为生活的内在标准去践行。因此它是指导各种行为的标准，对行为决策起着指导作用。

从个人、组织或社会的角度来看，某些行为或存在状态比与之相反的一些行为和存在状态更为可取，因此这些行为和存在状态就被认为是最有意义的、最重要的，也就是最有价值的。由此可见，价值观包含判断和取舍的问题，被判断为有价值的就“取”，反之就“舍”。

(二) 价值观具有激励作用，影响人们对事物的评价和感受

马斯洛(Maslow，1970)提出，人有5个层次的需求：生理需求、安全需求、爱和归属需求、尊重需求和自我实现的需求。只有当低层次的需求得到基本满足后，个人才能关注并致力于满足下一层次的需求。这些需求是强大的内在驱动力，我们所做的事情正是为了满足这些需求。它们在我们的生活中反映出来，就体现为我们的价值观。比如，有些学生会比较重视工作能带给自己多少收入，而有些学生可能更多地考虑要选择自己喜欢的工作。这两者的不同在很大程度上可以归结于他们所处的需求层次不同，前者在“生理”“安全”的层次上；而后者是在较低层次的需求已经得到满足的情况下，追求对“归属”“自我尊重”“自我实现”的需求。

价值观是我们强大的内在驱动力，是引导行为的方向，是自我激励的机制。我们需要一份工作是源于金钱或安定的因素，还是工作本身的意义和成就感？如果是前者，工作对你而言是一份保障，失去它，你会不安；而拥有它，你也不会十分满意。只有当工作对你而言意味着学习和成长，才能真正激励你行动起来。工作带来的薪资、福利、名望……都不是工作满意的真正来源，若能在初入职场时看清这一点，我们便可以专注于工作本身带给我们的意义，不会迷失方向。

练习6-2

你认为《西游记》中唐僧师徒四人和白龙马分别处于马斯洛需求层次的哪一个层次呢？

(1) 唐　僧：____

____

(2) 孙悟空：____

____

(3) 猪八戒：____

____

(4) 沙　僧：____

____

(5) 白龙马：____

____

第二节　职业价值观

一、职业价值观的概念

职业价值观是人生目标和人生态度在职业选择方面的具体表现，也就是一个人对职业的认识和态度以及他对职业目标的追求和向往。理想、信念、世界观对于职业的影响，集中体现在职业价值观上。

二、职业价值观的作用

(一) 职业价值观决定职业选择

每种职业都有各自的特性，不同的人对职业意义的认识、对职业好坏有不同的评价，这就是职业价值观。它决定了人们的职业期望，影响着人们对职业方向和职业目标的选择，决定着人们就业后的工作态度和劳动绩效水平，从而决定了人们的职业发展情况。

(二) 职业价值观影响职业满意度

职业满意度是职业价值观的前提和要素。据调查，如果一个人选择了自己喜欢的工作，就可以充分调动自己的潜能，获得职业发展的原动力；职业价值观则对职业兴趣的满足与发展有着一定的影响作用，不同的职业可以满足不同的价值需求。一份职业越能满足个人的价值需求，个人对职业的满意度就会越高，职业稳定性也会越高。

(三) 职业价值观规划职业行为

每个人都有自己的价值观。人为何而工作？有的人是为了社会和国家日益富强，有的人单纯地为了追求个人的物质财富。这就说明了每个人价值观的不同。所以，你权衡思考的是哪些方面的价值观呢？对你来说，人生还有很长的路要探索，你会遇到很多选择，也必须从很多选择中甄别出心底最珍重的事物，从而确定最终的行动方向。

三、价值观测评

每个人都有自己独特的价值观，而且无论喜欢与否，生活中重要他人(如父母、同学、师长等)的价值观常常会对我们产生影响。对你来说，重要的不是去评判他人价值观的对错，而是去思考自己认同或者不认同的价值观给自己的生活和职业发展带来的影响，并适时做出调整。同时，我们也需要认识到，寻找到一份能够完全满足所有重要价值观的工作的可能性不会很大。因此，我们总是要不断地做出妥协和调整，及时调整自己的认知，这是不可避免的，也是必要的。只有对自己的价值观进行澄清和排序，我们才能知道如何做出人生的重大选择。

下面，我们将一起通过4种不同且有趣的人生价值观测评来探索你可能不了解的自己。

(一) 榜样分析

从出生到现在，无论是真实的生活接触，还是通过书籍、报刊、影视作品、网络信息等途径，一定有很多现实中的人或作品里的虚拟角色走进了你的生活，给你留下了深刻的印象吧。

现在请你仔细回想一下，所有能够浮现在你脑海中的人物，无论是你的亲朋好友，还是历史人物、明星偶像，甚至包括那些影视作品里的角色、传奇故事里的人物、动画动漫里的角色，等等，你最欣赏、最羡慕或者最崇拜的人，排在前5名的都有谁？他们身上的哪些特点或品质吸引了你？请把他们的名字和你的分析写在表6-1中。

表6-1　榜样分析

人物	特点或品质(请用3～5个关键词描述)

(1) 出现频率最高的三个关键词是________、________、________。

(2) 这三个关键词与你过往的经历有什么关系？

____

____

____

(3) 在你未来的人生发展道路上，他们将起到什么样的作用？

____

____

____

(4) 假如有一天，你也成为别人欣赏、羡慕或者崇拜的对象，你希望别人用哪3个关键词来概括你吸引他们的原因？

____

____

____

(二) 80岁生日宴

当你必须从现实生活中的几个选项中决策出你的最终选择，那么哪些是你无论如何都不能放弃的呢？或许你会说："我现在还不知道自己真正喜欢的生活是什么样子的，真的可以确定吗？"不急，试着用《80岁生日宴》来探索什么样的生活状态才是你最为看重的吧！

假设今天将举行你80岁的生日宴，你的家人、好友都在你身边。你正和他们开心地说着、笑着，这时，有人对你说："今天是你的80岁生日，我们想请你用几句话概括一下自己的一生，你会对我们说什么呢？"

请用5句话来描述你的一生。

____

____

____

____

____

根据上面的5句话，总结出对你来说最重要的几个关键词。

____

你可以参考下面词语来表述你的价值观。

人际关系/归属感，团队合作，物质保障/高收入，稳定，安全，创造性，多样性和变化性，新鲜感，乐趣，自由独立，被认可，受尊重，能帮助他人，能发挥自己的才能，成就感，成功，名誉，地位，有意义，有学习/发展/成长的机会，权力/领导或影响他人，有益于社会，挑战性，冒险性，竞争，符合自己的道德观，工作环境，工作地点，工作与生活的平衡，健康，家庭，朋友，亲情，亲密关系，爱，信仰，幸福，为社会服务，和谐，平等……

在上面两个价值观探索活动中，你会发现对价值观的凝练和提取是一个艰难的过程，或许有种不忍抛弃每一个价值观的感觉，甚至做完了这个测评，仍然不清楚自己想要的到底是什么。出现这样的情况是正常的，因为大学生还处在建立和形成个人价值观的生涯探索期，有一些混乱也是必然的。重要的是，你要对自己的职业和生活进行不断地思考和探索。价值观的澄清本身也不是一劳永逸的过程。相信通过你的不断思考、有效行动，从实际生活和自己的感悟中，一定能发掘出自己的价值观。

(三) 职业价值观测评

美国心理学家米尔顿・罗克奇(Milton Rokeach)在《人类价值观的本质》(*The Nature of Human Values*)一书中提出13种职业价值观。

- 成就感：提升社会地位，得到他人和社会认同；对工作的完成和挑战成功感到满足。
- 美感的追求：有机会多方面欣赏周围的人、事和物，或有机会欣赏任何自己觉得重要且有意义的事物。
- 挑战：能够有机会运用聪明才智来解决困难；舍弃传统方法，而选择创新的方法处理事物。
- 健康(包括身体和心理)：工作能够免于焦虑、紧张和恐惧；希望能心平气和地处理事务。
- 收入与财富：工作能够明显、有效地改变自己的财政状况；希望能得到金钱所能买到的东西。
- 独立性：工作有弹性，可以充分掌握自己的时间和行动，自由度高。
- 爱、家庭、人际关系：关心他人，与别人分享，协助别人解决问题；体贴、关爱，对周围的人慷慨。
- 道德感：与组织的目标、价值观和工作使命不冲突，紧密结合。

- 欢乐：享受生命，结交朋友，与别人共处，一同享受美好时光。
- 权力：能够影响或控制别人，使他人照着自己的意思去行动。
- 安全感：能够满足生存需要，有安全感，远离突如其来的变动。
- 自我成长：能够追求学习新知识的体验，寻求更圆满的人生，对智慧、知识与人生的体会有所提升。
- 协助他人：认识到自己的付出对团体是有帮助的，别人因为你的行动而受惠颇多。

(1) 未来5年，即从________年至________年，对你来说，最重要的5个职业价值观依次是什么？

____________、____________、____________、____________、____________

(2) 你所选择的5个职业价值观是你一直都重视的吗？如果曾经有改变是在什么时候？

____

____

(3) 职业价值观的改变是否曾经影响过你的生活方式？

____

____

(4) 上述的13种职业价值观，有哪些是你的家人认为重要而你却不认同的？有哪些价值观是你们都认同的？

____

____

(5) 你理想的生活状态与你的职业价值观之间有什么关系？

____

____

(6) 你是否怀疑或者否认过自己的职业价值观？这对你有什么样的影响？

____

____

(7) 你觉得影响你职业价值观形成的主要经历有哪些方面(某些人，某些事，某些话等)？

____

____

(8) 当下，你的行动与你的职业价值观一致吗？如何让你的职业价值观发挥更好的作用？

____

____

小贴士

职业锚

随着经济的发展，职业类型、工作机会越来越多，人们在做出职业选择的时候很容易受到个体价值观的影响。这些价值观可能是名誉、地位、财富、成就、安全、服务社会等。当人们在从事第一份工作的时候，往往希望这份工作能够满足我们的所有价值观，但随着时间的推移，我们会慢慢发现，只有一些价值是我们真正关心的。为追寻这些价值观，我们不惜选择新的工作或者是新的岗位。

埃德加•施恩教授从20世纪60年代起进行了一项长达十几年的跟踪研究，他将影响人们职业的这一因素称为“职业锚”。职业锚是指当一个人不得不做出选择时，无论如何都不会放弃的那种至关重要的东西，它是人们内心深层次价值观、能力和动力的整合体，体现了“真实的自我”。如果缺乏对自己职业锚的清醒认识，在外界因素的诱惑下，人们可能做出错误的职业选择。许多人对自己的工作不满意就是因为他们的职业选择并非基于“真实的自我”做出的。职业锚指导着人们事业的持续发展。职业锚的类型包括8种，如图6-2所示。

图6-2 职业锚

1. 技术/职能型

技术/职能型(Technical & Functional)职业锚的人希望有机会实践自己的技术才能，并能够享受作为某方面专家带来的满足、愉悦；期望从事具有一定挑战性的工作，希望最大程度地独立实现目标；更看重技术专业等级的晋升；同行专业人士对他们的认可比管理者的表扬更有价值。

2. 管理型

管理型(General Managerial)职业锚的人具有成为管理人员的强烈愿望，并将此看成职业进步的标准；希望承担更大的责任，喜欢有挑战性的多变的和综合性的工作；渴望从事领导工作；把收入水平作为衡量自己的标准；期望基于个人的贡献和可量化的绩效、工作成绩得到晋升；认为提升到有更大管理责任的职位是对他们的最好认可方式。

3. 自主/独立型

自主/独立型(Autonmy&Independence)职业锚的人追求自主和独立，不愿意接受别人的约束，也不愿意受程序、工作时间等的制约；更喜欢从事专业领域内职业描述清晰、时间明确的工作；倾向于基于工作绩效的薪酬，并当即付清；希望基于以往成就实现晋升；最喜欢得到直接的表扬和认可。

4. 安全/稳定型

安全/稳定型(Security & Stability)职业锚的人愿意从事安全、稳定、可预见的职业；希望薪酬可以基于工作年限、可以预测的稳定增长；喜欢基于过去资历的提升方式；希望因为忠诚和稳定的绩效而被认可，并希望得到稳定和连续雇用的保证。

5. 创造/创业型

创造/创业型(Entrepreneurial & Creativity)职业锚的人最重要的是建立或设计完全属于自己的东西；着迷于实现创造的要求，容易对过去的事产生厌倦；最看重的是所有权，更愿意控制自己公司的股票；希望职业能够允许他们去做自己想做的事；创造财富和一定规模的企业是他们获取认可的最重要方式。

6. 服务/奉献型

服务/奉献型(Service & Dedication to a Cause)职业锚的人关注工作带来的价值而不在意是否能够发挥自己的才能；希望职业允许他以自己的价值观影响雇用他的组织或社会；对组织忠诚，希望得到基于贡献的、公平的、方式简单的薪酬；希望得到同事及上司的认可和支持，并与他们共享自己的核心价值。

7. 挑战型

挑战型(Pure Challenge)职业锚的人认为他们可以征服任何事或任何人；职业中一定水平的挑战是至关重要的；工作领域、薪酬体系、晋升和认可方式都从属于这项工作是否能够经常提供挑战自我的机会。

8. 生活型

生活型(Lifestyle)职业锚的人认为职业与生活必须有效整合；他们需要弹性和灵活的工作方式；更关注组织文化是否尊重个人和家庭的需要，以及能否与组织之间建立真正的心理契约；期望整合个人的、家庭的和职业的需要。

资料来源：埃德加•施恩. 职业锚——发现你的真正价值[M]. 北京：中国财政经济出版社，2004.

第三节　价值观与职业生涯发展

一、了解自己的价值观，有助于推进自我追寻与抉择

不同的价值观会产生不同的行动选择。一个适应社会、身心健康、人格成熟的人应该清楚自己的价值观。一个人越清楚自己的价值观、越了解自己在工作和生活中想要寻求什么、什么对自己来说是最重要的，他的生涯发展目标也就越清晰，自我生命成长轨迹就越稳健；

而当现实环境与理想发生冲突、鱼与熊掌不可兼得时，他也更容易做出决策，因为他清楚哪些东西是可以放弃的，哪些是不可或缺的。相反，价值观不清晰的人往往会陷入迷茫与盲从，难以抉择。

二、审视自己的价值观，有助于加强自我激励与坚持

价值观不仅影响个人对事物的态度与选择，影响与他人的相处与沟通，也影响个人对自我生命愿景的坚守与追寻，最终影响个人的生活与发展。因此，通过不断地省思自己的价值观，可以强化你的分析、判断事物的能力；可以提升你处事、做决定的能力；还可以找到你的行动动力与生命力量。

三、辨析自己的价值观，有助于促进自我发展与圆融

价值观源于生活经验，每个人的成长是他个人经验的结晶。随着社会化的发展，价值观不是某种不变的教条，而是会发生、发展与改变，价值的辨析与澄清不是一种静态的澄清，而是始终指向一个人价值观的发展过程。因此，个人的价值观会随着自身的发展成熟而不断完善的，价值澄清的目的就是发展个人的良好价值观，从而达到促进人的发展与生命的圆融。

第四节　自我探索与职业发展

相信现在，你已经从自我探索的“兴趣”“性格”“技能”“价值观”4个部分的学习中，获得了很多不同于以往的收获，对自己有了更加清晰、客观的理解。不论是霍兰德职业兴趣类型、MBTI性格测试结果、技能的分类还是价值观的澄清，你一定已经深入地了解了真实的自己，也更加清楚自我探索应如何在职业生涯发展过程中发挥作用。但是，自我探索不是一次性完成的工作，在人生的任何时期，都需要正确的自我探索以适应外部环境的变化。相信今后随着你的社会阅历的增长、自我认知的深入，或者在你有机会接触心理学、社会学等学科后，你会从专业理论的角度探索心理学、职业发展理论，并将其贡献于社会进步与人类进步的领域。

现在的你未进入真实的职场，尚且有很多选择行业和岗位的机会，你可以通过自我探索部分的知识来了解其在职业发展中的作用，合理规划自己的职业生涯，进行理性的选择，并付诸行动。若你已经进入职场，或者已利用寒暑假实习感受到自我探索的成果，当你发现自己的兴趣、性格、技能或价值观的某些部分与现在的工作不匹配，除了更换工作这个选项之外，你还应知道如何理性应对，适应环境。当你已经考虑好要更换新的工作，你准确的自我认知将帮助你寻找更合适的岗位。

下面，我们将用简单的语言来回顾一下兴趣、性格、技能、价值观与职业生涯发展的关

系。如果你想要争取为自己的人生创造一些改变，我们在“策略”一栏中将用最简单的词语来帮助你了解如何应对。

一、兴趣与择业

兴趣是我们内心动力和快乐的最终来源。兴趣与工作满意度、职业稳定性和职业成就感之间都存在着明显的关联。虽然兴趣与能力有密切关系，但是兴趣测试的分数并不代表能力的高低。如果兴趣与当下的工作并不匹配，久而久之会给你带来职业倦怠，即个体在工作重压下产生的身心疲劳与耗竭的状态。兴趣不一定非要体现在工作内容中，你可以发展自己的业余爱好，从生活中寻找快乐；担当好自己其他的角色，通过认真地生活弥补兴趣与工作的不匹配。

二、性格与择业

我们在做职业选择时，通常会考虑自己的性格是否适合。性格是人对现实的稳定态度和习惯化行为方式的总和。当性格和职业环境要求一致时，工作效率较高，个人职业成功的可能性也会增加；当性格与职业环境不匹配时，性格就会阻碍工作的顺利进行，使人感到被动。显然，我们的性格不可能百分之百地符合某种岗位，但我们可以通过理解职业的要求，完善人格，弥补不足，特别是发展相应的职业性格。因此大学阶段我们要清楚自己的性格，这样才有机会扬长补短，或在就业中扬长避短。同时，了解性格特点还可以使我们接纳自己、理解别人，为良好的人际关系打下基础。

三、技能与择业

个人需要努力维持与工作环境之间的一致关系，一致性越高，个人的工作满意度就越高，个人在这个工作领域也越持久。在影响这种一致性的多种因素中，能力是雇主最为看重的：当个人的能力和工作要求匹配时，个人容易发挥自己的潜能，并获得满足感、成就感；反之，当个人去做力所不能及的事情时，就会感到焦虑、自卑，产生挫败感。兴趣和性格因素虽然也对工作满意度有一定的影响，但它们不直接影响工作效率，大多数时候能力才是决定是否胜任岗位的决定性因素。因此，做自己能够胜任的工作，培养和发展个人能力，发挥潜能，是企业和个人共同的追求。

四、价值观与择业

价值观是人们在做选择和判断时最为看重的原则、标准和品质。人生目标和人生态度在职业选择方面的体现，则为职业价值观。价值观特别是职业价值观并不是一成不变的，会受到人生观的影响发生变化。虽然特定时期内职业价值观可能与个人的人生价值观相左，而使人们做出偏离人生价值观的选择。但从长远而言，特别是当内外部条件成熟后，人们依然会按照人生价值观行事，从而修正自己之前的选择。世界上不存在“完美的选项”，明确而简练的价值观会帮助人们规避诱惑，选择适合自己的方向。

从表6-2，你将简洁直观、清晰明了地看到兴趣、性格、技能、价值观与择业的关系，以及这4个方面给人带来的收获和影响，并能通过“策略”一栏得到改进某个方面的应对方法。

表6-2 兴趣、性格、技能、价值观与岗位的匹配

自我探索	择业	收获(匹配时)	收获(不匹配时)	策略
兴趣	划定行业大类	带来快乐	职业倦怠	业余时间寻找平衡
性格	职位	效率高	枯竭	完善人格
技能	具体工作内容	提升成就感	自卑	学习、练习到自动化输出
价值观	有冲突时决定未来方向	坚定选择	难以抉择	学会取舍

小贴士

大学四年如何进行学业规划？

人生的各个阶段，我们都要经历不同的角色。为了完成自己人生的目标，现在你能否明确大学阶段的角色？大学阶段是生涯发展的关键期，这个阶段的规划重点是学业规划。大学生要依据自己的人生目标，为自己制订贯穿大学四年的学业行动计划。四年的学业规划大致可以分为两个时期。

1. 低年级：探索期

大学一年级，学习任务主要集中在基础课程或通识课程，大一新生要了解大学阶段学习的方式和途径，了解专业课程的培养目标和课程设置，初步了解自己未来想从事的职业或与自己所学专业对口的职业，提高资料整合能力和人际沟通能力。大一新生要多增长专业见识，拓宽知识面，要多认识学长、校友等人脉资源，多参加学校的社团以及各类经验交流等活动，通过图书馆、网络学习提高办公技能，辅助课堂学习。大一结束后，同学们要顺利实现从高中生到大学生的转变，同时基本适应大学生活。

大学二年级是大学职业生涯的定向期。在这一阶段，大学生要扎实掌握本专业相关的基础知识，博览群书。大二学生要确立自己的专业目标，通过参与项目小组、兼职、创业、社会实践等方式加深对职业的了解，检验自己的专业技能，提高自己的责任感、主动性和受挫能力，增强英语口语能力，增强计算机应用能力，通过英语和计算机的相关证书考试，并开始有选择地辅修其他专业的知识充实自己。

2. 高年级：提升期

进入大三之后，大学生要以用人单位的用人标准严格要求自己。这个时期的任务有3个。一是完成学业。顺利毕业，拿到毕业证书和学位证书是就业前提，同学们要确保自己的课程学分都是符合学校要求的。二是职业素养提升。大三学生要进一步提升自己的专业能

力，尝试撰写专业论文，大胆地跟专业导师讨论自己的想法，培养自己的科学研究能力。同时，大三学生要对前两年的学习做一个总结，明确自己的职业目标，思考自己的职业素养有哪些需要提升的空间，参加并通过专业实习。三是为毕业去向做好知识的准备。对于大学生的出国、创业、考公务员、就业等，都有相应的流程要求，大学生要储备相关的知识，比如考证、政策了解、参加集中培训等。

对学业规划的实施，大学生必须进行自我管理，也就是对于目标时间内的目标任务完成情况进行自我检查，养成好的习惯，培养担当意识。

第七章 职业世界探索

本章重点

- 树立职业人的观念和意识
- 了解职业和职场环境，掌握职场素质的要求
- 进行具体行业职场调研

案例导入

王明是一名软件专业的毕业生，学的专业是软件工程。毕业那年由于行业不景气，就业前景并不乐观。王明平时在学校里喜欢写些东西，也总是利用假期到社会上的培训机构做兼职。他个性比较沉稳，而且在学生会担任职务，因此当杭州某个小镇的中学来招聘时，学校推荐了他。王明二话没说就答应了。到了学校后，王明很快融入了当地的生活，他原来的组织能力和文字方面的功底以及专业方面的积累显现了优势，很快得到了领导的赏识，不久成为学校的中层干部。几年后，他把父母接到了杭州，成了一名地道的杭州人。虽然他所学的计算机方面的专业知识并没有在工作中用到多少，但4年的社会培训机构任教经历使他的能力结构得到了提高与改善，他的知识结构能够更加适应社会的需要，也就在职业发展中占有更多的优势。

第一节　专业与职业

一、专业与职业的概念及关系

1. 专业与职业的概念

专业大致有两个方面的含义：一是指学业分类，是高等学校或中等专业学校根据社会专业分工的需要设立的学业类别；二是指专门性职业，广义的专门性职业是指某种职业不同于其他职业的一些特定的劳动特点，狭义的专门性职业是指某些特定的社会职业。

职业是参与社会分工，利用专门的知识和技能，为社会创造物质财富和精神财富，获取合理报酬，作为物质生活来源，并满足精神需求的工作。

2. 专业与职业的关系

专业教育培养的人才具有明确的职业导向性，这使得专业与职业存在许多共同之处，但是由于概念、属性、特征等因素，专业与职业之间也有本质区别。首先，一个专业对应一个职业群，有时甚至可以对应几个相关的职业群。其次，职业群一般由基本操作技能相通，工作内容、社会作用以及从业者所应具备的素质接近的若干个职位所构成。最后，一个人无论是基于主动还是盲从、被动而选择了某一学科，都无法保证这个专业一定是自己将来要从事的职业，此时就会出现专业与职业不匹配的现象。

二、职业的特征

从职业的特征来看，职业具有社会性、规范性、功利性、技术性和时代性的特征。

(一) 职业的社会性

职业是人类在劳动过程中的分工现象，它体现的是劳动力与劳动资料之间的结合关系，其实也体现出劳动者之间的关系，劳动产品的交换体现的是不同职业之间的劳动交换关系。这种劳动过程中结成的人与人的关系无疑是社会性的，他们之间的劳动交换反映的是不同职业之间的等价关系，这反映了职业活动劳动成果的社会属性。

(二) 职业的规范性

职业的规范性应该包含两层含义：一是指职业内部的规范操作要求性，二是指职业道德的规范性。不同的职业在其劳动过程中都有一定的操作规范性，这保证了职业活动的专业性要求。当不同职业在对外展现其服务时，还存在一个伦理范畴的规范性，即职业道德。这两种规范性构成了职业规范的内涵与外延。

(三) 职业的功利性

职业的功利性也称为职业的经济性，是指职业作为人们赖以谋生的劳动过程中所具有的逐利性一面。职业活动既要满足职业者自己的需要，也要满足社会的需要，只有把职业的个人功利性与社会功利性相结合，职业活动及其职业生涯才具有生命力和意义。

(四) 职业的技术性和时代性

职业的技术性是指不同的职业具有不同的技术要求。每一种职业往往表现出一定相应的技术要求。职业的时代性是指职业由于科学技术的变化，人们生活方式、习惯等因素的变化导致职业打上那个时代的“烙印”。

小贴士

行业与产业

行业是指从事国民经济中同性质的生产、服务或其他经济社会的经营单位或者个体的组织结构体系，又称产业，如机械行业、金融行业、教育行业、移动互联网行业等。但严格来讲，产业的概念范畴比行业要大，一个产业可以包含几个行业。我国将产业划分为三大类：第一产业是指农、林、牧、渔业(不含农、林、牧、渔专业及辅助性活动)；第二产业是指采矿业(不含开采专业及辅助性活动)，制造业(不含金属制品、机械和设备修理业)，电力、热力、燃气及水生产和供应业，建筑业；第三产业即服务业，是指除第一产业、第二产业以外的其他行业。

资料来源：百度百科 [EB/OL]. https://baike.baidu.com/item/%E4%BA%A7%E4%B8%9A/2282595?fr=aladdin.

三、职业的分类

(一) 职业分类的含义

职业分类是根据一定的原则，采用特定的标准和方法，对从业人员所从事的各种专门化的社会职业进行全面的、系统的划分与归类，将社会上纷繁复杂的职业划分为规范统一、井然有序的体系。社会分工是职业分类的依据，在社会分工的每一个环节上，劳动对象、劳动工具以及劳动的支出形式各自有特殊性，这种特殊性决定了职业之间的差别。

(二) 职业分类的方法

1. 国外职业分类的方法

(1) 按职业组群和专业等级进行分类。1956年，安娜·罗伊(Anne Roe)指出，个人职业环境在某种程度上会反映出个人的成长经历。如果个人成长环境充满温暖、关爱、接纳与保护，他可能会选择与人有关的职业，包括服务、商业交易和商业组织等需要具备较强沟通交流能力的一类职业；如果个人成长环境充满冷漠、忽视、排斥，他可能会选择以客观事物为主的并非特别需要人际交往的技术、户外一类的职业。罗伊同时将服务、商业交易、商业组织、技术、户外、科学、文化和演艺八大职业组群，依其难易程度和责任要求的高低，分为高级专业及管理、一般专业及管理、半专业及管理、技术、半技术及非技术6个等级。这八大职业组群和6个专业等级，组成了一个职业分类系统(见表7-1)。

表7-1 职业分类系统

职业族群	专业等级					
	高级专业及管理	一般专业及管理	半专业及管理	技术	半技术	非技术
服务	社会科学家、心理治疗师、社会工作督导	社工人员、社会行政人员	社会福利人员、护士	厨师、领事、警察	司机、厨工、消防人员	清洁工人、门卫、侍者
商业交易	公司业务主管	人事经理、营业部经理	推销员、批发商、经销商	拍卖员、推销员	小贩、售票员	送报员
商业组织	董事长、企业家	银行家、证券商、会计师	会计、秘书	资料编撰员、速记员	出纳、邮递员、打字员	——
技术	发明家、高级工程师	飞行员、工程师、厂长	制造商、飞机修理师	锁匠、木匠、水电工	卡车司机、木匠(学徒)、起重机驾驶员	助手、杂工
户外	矿产研究员	地理学家、动植物专家、石油工程师	农场主、森林巡视员	矿工、油井钻探工	园丁、农民、矿工(助手)	伐木工人、农场工人
科学	医师、自然科学家	药剂师、兽医	医务室技术员、气象员、理疗师	技术助理	——	非技术性助手
文化	法官、教授	新闻编辑、教师	图书馆员、记者、广播员	一般职员	图书馆管理员	送稿件人员
演艺	指挥家、艺术教授	建筑师、艺术评论员	摄影师、室内装潢师、广告艺术工作者	演艺人员、橱窗装潢员	模特、广告绘制员	舞台管理员

(2) 按职业的职责范围进行分类。这种分类方法是被许多国家采用的较为普遍的职业分类方法，国际标准职业分类也是采用这种方法。国际标准职业分类把职业由粗到细分为8个

大类，83个小类，284个细类、1506个职业项目，总共列出1881个职业。其中8个大类是专家、技术人员及有关工作者；政府官员和企业经理；事务工作者和有关工作者；销售工作者；服务工作者；农业、牧业和林业工作者、渔民和猎人；生产和有关工作者、运输设备操作者和劳动者；不能按职业分类的劳动者。这种分类方法有利于提高国际职业统计资料的可比性和国际交流。

(3) 按个性心理差异进行分类。美国著名的职业指导专家霍兰德创立的职业兴趣理论，把职业兴趣类型划分为6种，即实用型、研究型、艺术型、社会型、企业型、常规型。与职业兴趣相对应的6种职业类型分别是实用型职业、研究型职业、艺术型职业、社会型职业、企业型职业和常规型职业。实用型职业指运用手工工具或机器进行的熟练的手工工作和技术工作，如木匠、铁匠、机械工人等；研究型职业指科学研究和实验室工作，如自然科学家、计算机程序编制者、电子技术工作人员等；艺术型职业指艺术创作方面的职业，包括音乐、文学等方面的职业；社会型职业指为别人办事的工作，包括教育和社会福利方面的工作；企业型职业指劝说、指派他人做某事的工作，包括管理、销售等方面的职业；常规型职业指各部门主管日常事务的办公室工作。

(4) 按脑力劳动和体力劳动的性质、层次进行分类。这种分类方法把工作人员分为白领工作人员和蓝领工作人员两大类。白领工作人员包括专业性和技术性的工作，如经理和行政管理人员、销售人员、办公室人员等，即主要从事脑力工作的劳动者；蓝领工作人员包括手工业、非运输性的技工、运输装置技工、服务性行业工人等，即需要付出更多体力的劳动者。

2. 我国职业分类的方法

在职业的分类上，我国将职业大致分为八大类，每个大类下还有小类。

第一大类为国家机关、党群组织、企业、事业单位负责人，其中包括5个中类，16个小类，25个细类。

第二大类为专业技术人员，其中包括14个中类，115个小类，379个细类。

第三大类为办事人员和有关人员，其中包括4个中类，12个小类，45个细类。

第四大类为商业、服务业人员，其中包括8个中类，43个小类，147个细类。

第五大类为农、林、牧、渔、水利业生产人员，其中包括6个中类，30个小类、121个细类。

第六大类为生产、运输设备操作人员及有关人员，其中包括27个中类，195个小类，1119个细类。

第七大类为军人，其中包括1个中类，1个小类，1个细类。

第八大类为不便分类的其他从业人员，其中包括1个中类，1个小类，1个细类。

四、职业资格认证

(一) 职业资格的含义

职业资格是对从事某一种职业所需要具备的学识、技术和能力的基本要求，包括从业资格和执业资格。所谓从业资格是指从事某一职业(工种)学识、技术和能力的起始标准；执业资格是指政府对某些责任较大、社会通用性较强、关系公共利益的职业(工种)实行准入控制，是依法独立经营或从事某一特定职业(工种)学识、技术和能力的必备标准。

(二) 国家职业资格证书制度

1. 国家职业资格证书制度的含义

国家职业资格证书制度是指按照国家职业标准，通过政府认定的专业考核鉴定机构，对劳动者的技能水平和从业资格进行评价和认证的一项国家证书制度。

2. 国家职业资格证书制度的基本内容

国家职业资格证书制度集中体现在职业资格证书的管理体制上。我国职业资格证书制度主要包括职业资格证书制度体系、职业资格认证方式、职业资格证书等级体系三个方面的内容。

小贴士

我国的职业资格证书

我国的职业资格证书是劳动就业制度的一项重要内容，也是一种特殊形式的国家考试制度。它是指按照国家制定的职业技能标准或任职资格条件，通过政府认定的考核鉴定机构，对劳动者的技能水平或职业资格进行客观公正、科学规范的评价和鉴定，对合格者授予相应的国家职业资格证书。我国的职业资格证书及考试时间如表7-2所示。

表7-2　国家职业资格证书一览

考试时间	国家职业资格证书
3月	注册电气工程师
	教师资格(面试)
4月	注册公用设备工程师
	注册化工工程师
	咨询工程师(投资)
	房地产经纪人协理、房地产经纪人
5月	注册环保工程师
	注册结构工程师
	广播电视编辑记者
	播音主持人
	拍卖师(纸笔作答)
	演出经纪人资格
	注册建筑师(一级)
	注册建筑师(二级)
	会计(初级)
	计算机技术与软件
5月、6月	房地产估价师
	卫生(初级、中级)

(续表)

考试时间	国家职业资格证书
6月	统计(初级、中级、高级)
	一级造价工程师
	职业药师(药学、中药学)
	银行专业人员职业资格(初级、中级)
	房地产经纪人协理、房地产经纪人
	银行专业人员职业资格(初级、中级)
	注册计量师
	翻译专业资格(一级、二级、三级)
	社会工作者
	土地登记代理人
9月	教师资格(笔试)
	经济(初级、中级)
	专利代理人
	一级注册消防工程师
	计算机技术与软件(初级、中级、高级)
	税务师
	注册验船师
	注册核安全工程师
	注册设备监理师
	注册测绘师
	会计(中级、高级)
	一级建造师
	资产评估师
	机动车检测维修工程师
10月	演出经纪人员资格
	拍卖师(实际操作)
	注册安全工程师
	翻译专业资格(一级、二级、三级)
	公路水运工程助理试验检测师
	出版(初级、中级)
	审计(初级、中级、高级)
	通信(初级、中级)
	注册城乡规划师、勘察设计行业
	注册土木工程师
3月、5月、6月、7月、8月、11月	期货从业人员资格
	证券从业人员资格
3月、4月、5月、6月、9月、10月、11月	专业技术人员计算机应用能力考试
	基金从业人员资格

资料来源：http://www.mohrss.gov.cn/xxgk2020/fdzdgknr/zcfg/gfxwj/rcrs/202101/t20210126_408369.html.

练习7-1

(1) 你的专业课都有什么？这些课程是为了培养什么能力？为什么要设置这些课程？该专业就业去向都有哪些？

(2) 填写家族职业树(见图7-1)，并分析你的家族职业树对你有什么影响。

图7-1　家族职业树

(3) 你未来想从事什么职业？并思考这些职业需要具备的能力。

第二节　职业信息的意义和获取方法

一、职业信息的意义

(一) 了解职业信息是做好职业选择的基本前提

伴随着我国劳动力市场化的深入，用人单位在劳动力的选择上不再依靠政府进行调配，毕业生也不再依靠毕业分配制度，用人单位与毕业生职业选择的自主权方面得到了进一步的强化。在进行职业选择前，大学生充分了解职业信息，就可以在职业选择上占有先机，能够更好地把握职业选择的自主权，实现自己的职业理想。

(二) 了解职业信息是做好职业决策的重要保障

若想在职业决策中做到科学准确，就要在职业信息上做足功课，充分了解职业信息，例如职业的分类、国家的就业政策和职业世界的基本状况，甚至是用人单位的需求信息。如果我们在职业信息上把握得不够准确，那么在进行职业决策时，就无法保证决策的准确性和科学性。因此，了解职业信息是未来做好职业决策的重要保障。

(三) 了解职业信息能够促进生涯探索

在生涯探索的过程中，普遍存在的一个问题就是大学生对未来比较迷茫，这是因为大学生对自我探索和职业世界探索不足。通过对职业信息的了解，大学生能够更加全面地了解职业世界，为生涯探索提供信息，从而充分地发挥主观能动性，充分掌握和利用资源，做好人生规划。首先，帕森斯的特质-因素论，要求我们了解自己，包括自己的能力倾向、能力、雄心、资源及限制，以及这些特质的成因；同时，清楚各种工作成功所必须具备的条件和要求、优点与缺点、待遇、就业机会与发展前途。其次，通过了解职业信息，大学生可以对职业世界的基本状况有所了解，随后利用探索职业世界的方法，对外部职业世界进行深入的探索，了解用人单位的实际需求，并与自身具备的能力进行比对，确立职业目标，找到努力方向。最后，通过自我探索与外部世界的探索，大学生能够寻找自己与市场需求中匹配的与不匹配的因素，并对自身进行充实完善，促进大学生生涯发展和自我提高。

(四) 了解职业信息能够带来态度和认知的改变

近年来发生在大学生中的“不就业”和“慢就业”现象愈发严重，这与大学生对职业信息不够了解有着一定的关系。很多大学生进入大学时，没有进行合理的生涯规划，等到大四找工作时，突然发现自己学习的东西与社会的需求不匹配，此时想改变为时已晚。因此，更早地了解职业信息，能够使大学生尽早地树立正确的择业观和就业态度，能够改变大学生不合理的职业认知，促使大学生更加合理地进行生涯规划和职业选择。

二、获取职业信息的方法

(一) 通过静态资料获取职业信息

可获取职业信息的静态资料主要包含出版物、视听资料、行业展览会和人才交流会。此外，网络和相关机构也是了解职业信息的有效途径。

1. 出版物

我们可以通过各类出版物，如专业书籍、文学作品、期刊杂志，或是各类报纸与招聘广告，或是相关企业的研究报告、专业调查，或是学术论文等，获取职业信息。

很多文学作品中都会谈及和职业有关的话题，在人物传记中也会阐述人物的职业发展历程。通过这些文学作品，我们不仅可以对职业的基本信息加以了解，也可以从人物的职业历程中借鉴成功的经验。例如，《杜拉拉升职记》中对职场的利益争斗进行了描述，尤其是对非销售岗位的职场，我们可以从中获得一些信息。需要注意的是，部分文学作品在写作的过程中夸大了人物的一些特性，往往专业性不强，我们可以通过一些专业的调研报告，对职业进行更加准确的了解。一些与职业有关的专业书籍会对职业的发展历史、薪酬标准、岗位需求进行详尽的介绍，如《12个工作的基本》一书通过大量的案例对职场中的方方面面进行了描述，初入职场的大学生可以通过本书对职场有所了解，并在未来的实践中进行检验。在借鉴书籍论文时，我们要注意不同国家职场状况的细微差别，从而更加准确、全面地认识职业信息。

2. 视听资料

可获得职业信息的视听资料包括影视剧、视频及各类电视节目。在视讯媒体时代，我们可以通过各类视讯媒体对职业世界进行探索，做好职业准备。

首先，我们可以通过影视剧了解职业信息，并通过影视剧中的人物故事感受这个职业。现在很多职场话题的影视剧都会真实地反映职场的相关状况，或是这个行业的发展情况，通过影视剧能够让我们对一个职业有直观的了解。同时，通过影视剧中的故事情节，我们可以对一些职业的细节和职业背后的故事加以理解，丰富我们的职业信息。与文学作品相似的是，影视剧中也存在夸大人物或是职业的现象，因此在了解职业信息的过程中，我们要加以鉴别，保证对职业信息了解的准确性。

其次，我们可以通过各类视频对职业的信息和专业知识进行了解，并加以学习。例如，Bilibili视频网站内就有大量关于职场技能的学习资料，我们可以通过这些视频资料对自己未来想从事的职业进行专业化的学习。网站内的免费资料给我们提供未来选择这个职业的学习机会。我们可以利用课余时间，学习自己想学的职业技能。此外，现在比较流行的短视频App也有着大量与职场有关的素材，我们可以通过这些视频素材丰富自己的职业信息，并对职业进行深入的了解。

最后，我们可以通过各类电视节目对职业信息进行了解。例如通过职场真人秀节目(如《职来职往》)和各类专栏节目了解职业发展和职业选择。同时，各类电视节目会对时下热门的职业和国家就业政策进行解读，能够帮助我们更好地理解就业政策。

3. 行业展览会和人才交流会

我国会定期举办各类行业展览会，行业展览会集中了这个行业中的优秀企业，企业也会通过展览会，展示自己的产品、技术和企业的基本状况。我们可以通过行业展览会对行业或是具体的企业进行深入的了解，对不同的行业进行比较。通过行业展览会，我们能够更好地了解企业的文化和相关信息。

无论是政府机构还是高等院校，每年都会举办大量的人才交流会和招聘会。人才交流会和招聘会是我们获取企业信息和职业信息的一种较为直接的手段。在人才交流会上，我们可以对企业的用人需求进行深入了解，与公司的人力资源负责人员进行面对面的交流，了解我们关心的问题。同时，人才交流会和招聘会是我们未来获得满意工作的重要途径之一。

4. 网络

在网络时代，我们可以充分掌握信息获取的主动权，可以通过各类专业网站学习专业知识，获取职业咨询。例如智联招聘、58同城、实习僧，都是现在大学生获取职业信息的重要媒介。我们可以通过这些网站，了解企业的用工需求、岗位空缺、公司的基本信息等大量求职方面的专业信息。

小贴士

职业信息数据库

要了解更完整更具体的职业信息，推荐使用美国国家职业数据库O*NET，它是全球最为优秀的职业数据库。网站链接为：https://www.onetonline.org/。O*NET 中包含有约1100个职业类型，每个职业都有着详尽的解释，包括职业特征、工作活动与环境、对工作者的要求(知识、技能、经验)、工作者特征等。更实用的是，它提供该职业所对应的兴趣类型代码(即霍兰德职业兴趣代码)，帮助你思考自身和职业的匹配度。

国内也有一些仿照O*NET 的中文职业搜索引擎可供参考，如北森的Jobsoso，网址为：http://www.jobsoso.com。

除此之外，近年来，教育部对网络职场的建设非常重视。如新职业网，除举办大量网络专场招聘会外，还会提供大量职业相关的讲座，丰富我们的职业信息，提升广大学生的职场适应力。同时，我们可以通过企业的官方网站了解企业的基本情况、用人需求和企业文化，通过企业官网投递简历，通过政府机构的官方网站及时了解就业政策，丰富我们的职业信息。

5. 机构

我们可以通过学校了解职业信息。首先，每所高校都有就业指导部门，就业指导部门为广大学生提供求职帮助和就业服务，如发布招聘信息、举办校园招聘会等，大学生可以通过学校的就业指导部门对职业信息进行细致的了解。同时，现在大多数高校提供职业咨询的服务，我们可以通过咨询进行自我探索和职场信息的深入挖掘，确保职业信息的科学性和准确性。

我们还可以通过职业介绍机构对职业信息进行了解，甚至得到一些职业培训机构的专业辅导，更加专业地把握职场招聘的环节。我们还可以通过一些专业的职业咨询公司(如北森公司)获取深度的职业信息。另外，一些人才服务中心也会提供专业的职业信息。

(二) 通过动态资料获取职业信息

1. 专业社团

各大高校都会设立各类专业社团(如就业创业指导协会)，我们可以通过这一类的专业社团对职业信息进行了解。除高校社团外，社会也会成立各类职业社会，我们可以通过加入这些社团了解企业的需求，并对自己的职业能力进行评估与提升。有些职业社团还会定期举办与职业和职场有关的讲座或各类专业技术培训。同时，加入这些专业社团可以增进我们与其他学生的沟通交流，拓宽我们的职业视野。

2. 专业协会/学会

我们可以参加社会上的各类公益性或学术性的协会或学会，与专业人员沟通交流，并进行相关知识和技能的学习。部分协会还会定期举办一些专业资格的认证考试，这些专业认证可以提升我们在实际职场中所需具备的专业能力。同时，在学会举办的学术交流会上，我们可以学习专业人员在相关研究领域的最新成果，也可以对职业信息进行深入了解。

3. 生涯人物访谈

在进行职业世界的探索中，我们还可以通过生涯人物访谈对一些资深的从业人员或经验丰富的职场人士进行访问，了解职业信息。通过与这些人进行交谈，我们可以对自己所获取的职业信息进行验证，了解从业人员的真实感受。相比静态信息，这些信息是很宝贵的。同时，通过生涯人物访谈，我们可以了解自己关心的问题，与被访者进行深入交流，切实了解岗位的需求，并与相关领域的精英建立联系，为未来求职打下基础。

此外，在生涯人物访谈的过程中，为避免被访者个人主观性太强，我们可以尝试在一个行业或领域内采访多人的方式弥补相关不足，并借助其他渠道对采访所获信息进行一定的验证，最终得到我们想要获得的职业信息。

小贴士

生涯人物访谈说明

1. 生涯人物访谈的目的

通过生涯人物访谈收集你需要的职业信息，但不要通过生涯人物访谈获取工作，以免让自己感到尴尬，也会打扰到潜在的雇主。

2. 生涯人物访谈的意义

通过生涯人物访谈，你可以获得以下帮助：对自己的职业生涯规划进行考察，进一步明确自己的职业目标；扩大你在职场中的人际关系，并建立与自己职业发展有关的人脉网络；树立求职的自信心；获取与自己有关的职业信息；验证你的专业学习与职场实际需求之间的差距。

3. 生涯人物访谈的规划与问题准备

在进行生涯人物访谈之前，提前准备好采访信息是十分必要的。你需要提前通过各种途径对被采访人的基本信息进行了解，并对采访问题进行深入的加工，以节省采访时间，帮助你对一些问题进行深入的了解，提升采访的专业性和获取信息的实用性。

4. 生涯人物访谈的沟通工作

(1) 和你感兴趣的单位或组织取得联系，询问你计划访谈人的姓名、职位和联系方式。

(2) 在访谈前，与被采访人电话沟通，并对自己的身份和目的进行介绍，说明自己是如何获取被采访人的联系方式，也可以通过电子邮件或其他联系方式进行提前沟通。

(3) 对你的调研内容和所需时间(通常20～30分钟)进行说明，并预约访谈的具体时间、地点和访谈方式，如被采访人无法与你见面，可询问是否可以进行短时间的电话采访，如果对方很忙，也可请求介绍一位相似的采访人。

(4) 对被采访人表达感谢。

5. 在进行生涯人物访谈时，可以从以下几个角度进行访谈：工作的性质、任务或内容；工作的环境和工作地点；工作所需的技能、经验或培训；工作所需要的资格、技巧或能力；工作的薪酬范围和福利待遇；工作的时间和生活形态；相关职业的信息和就业的机会；组织的文化和规范；对未来的展望。

6. 在进行生涯人物访谈时，可以试问以下问题：

在工作岗位上，您每天都需要做什么？

您所在的领域最近在市场竞争等方面发生了什么变化？

您是如何找到现在这份工作的？

您如何看待这个领域未来的变化趋势？

您的工作是如何实现组织的目标和使命的？

这份职业需要什么样的人才？

到这个领域工作的基本前提是什么？

对于这份工作，您最喜欢什么？最不喜欢什么？

这个领域各个职位的起薪大约是多少？

这个领域采取工作行动和解决问题的自由度如何？

这个领域的发展机会如何？

这份工作中哪里您最满意，哪里您最不满意？

这份工作的挑战性是什么？

什么样的个人品质对这份工作的成功最为重要？

您认为这个领域潜在的不利因素是什么？

对于一个即将踏入这个领域的新人，您有什么建议？

这份工作需要的知识、技能和经验是什么？

这份工作需要接受什么样的培训或是教育？

您的熟人中有谁能够成为我的下次采访对象？

4. 参与模拟情境与真实情境

(1) 参与模拟情境。我们可以通过角色扮演等方式，通过参与模拟情境的方法体会感兴趣的工作。在生涯的团体辅导中，我们可以在前期了解的职业信息的基础上，通过角色扮演，对感兴趣的工作进行不同职位或场景下的模拟。通过模拟，我们能够了解工作中的真实感受，从认知层面加深自己对工作的了解。

(2) 参与真实情境。真实情境可以通过直接观察和实习两种方法进行。一是通过直接观察进行。我们可以通过专业的就业指导中心的活动对所关心的工作场所进行参观，也可以通过父母、亲人或朋友的介绍，对你有意向的职业进行实地考察或工作体验。二是通过实习实践获取职业信息。实习是我们获取职业世界信息的最有效途径。通过实习，我们不仅可以获得职业世界的真实信息，还可以检验我们的梦想和感受，进而帮助我们进行理性决策，为未来就业做好充分准备。

练习7-2

(1) 请你结合本节学习的内容进行一次生涯人物访谈，将访谈结果填入表7-3中。

表7-3　职业世界调查

目标职业	描述
该职业属于哪个行业?	
主要的工作内容是什么?	
主要工作场所及环境怎样?	
工作时间是如何安排的?	
从业者所需要的教育背景是什么?	
从业者所需具备的技能有哪些?	
从业者典型的人格特点有哪些?	
从业者需要哪些资格认证?	
从业者的升迁和发展机会怎样?	
未来的就业市场如何?	
起薪标准和计薪方式是什么样的?	
从业者可能的压力来源有哪些?	
对于职场新人有哪些忠告和建议?	

(2) 在职业探索阶段，你的目标职业有哪些？获取这些职业信息的方法有哪些？填写表7-4。

表7-4　目标职业信息

目标	职业	所用方法	获取信息
目标职业1			
目标职业2			
目标职业3			

第三节　职业世界的基本概况与发展趋势

一、就业的结构性矛盾日益突出

就业的结构性矛盾指的是在劳动力供求总量基本相当的情况下，劳动力的供给与需求出现的不匹配现象，即劳动者难以实现就业的同时，部分企业却出现“招工难”，这也是近年来我国就业存在的突出问题。受到经济下行压力大的影响，国际需求不振，国内需求尚需提升，经济发展方式发生转变，产业结构转型升级，在这种形势下，大量劳动密集型企业生产萎缩或需要转型升级，导致我国传统制造业的岗位需求明显减少，这必然带来大量的失业。

而失业人员的素质和知识水平普遍达不到新兴产业的发展要求，即使他们就业的愿望强烈，也难以在劳动力市场找到合适的岗位，而劳动者就业素质的提升并非朝夕就能达到的。同时，我国的高新技术产业面临着人才紧缺的困境，这已成为我国经济发展的一大制约因素，而产业转型升级和生产方式的转变是我国未来经济发展的中心内容，如何解决好结构性失业的问题是我国政府和学术界未来需要思考和研究的难题之一。

二、转换工作成为一种惯例

首先，市场作为资源(劳动力、资本)配置的一种普遍手段，未来岗位的配置会由市场进行调节，对于广大学生来说，“铁饭碗”将越来越少，在不同的岗位进行转换将成为常态，而岗位的需求状况将由市场进行调节，未来市场的需求将从专业型人才逐渐转换为一专多能的人才。因此，大学生必须做好相应的准备。

其次，随着产业结构的调整升级，工业或制造业的就业机会减少，服务业和信息产业的工作机会增多，对现有的职业造成一定的威胁，部分产业将出现大面积裁员的状况，而一些与国家发展的核心战略相关的产业会出现用工紧缺的状况。随着经济发展节奏的加快，企业的建立与破产将成为一种普遍现象，尤其是互联网行业。因此，对于广大学生来说，要做好相应的心理准备，同时要不断强化自己的职业技能，以应对二次就业或多次就业的问题。

最后，工作形式将变得多样化，会有更多的就业机会。随着智能化的普及和互联网、人工智能的发展，尤其是面对即将到来的5G时代，未来可供选择的工作形式将更加多样，大学生可以根据自己的需要，选择工作时间、工作地点，同时，可以借助先进的技术手段，完成多样化的工作。对于专业技术人才来说，任职的公司不再单一，这类人才可以根据自己的实际能力选择多种工作，或是在多家公司工作。

三、终身学习将成为一种常态

随着经济的发展和科技的进步，这个时代发生的一个显著变化就是终身学习将成为一种常态。终身学习作为时代的产物，需要我们主动去适应。当今社会发展的速度加快，变化加快，我们朝着网络化、信息化、全球化的方向不断发展，人们进入了学习型、知识型社会。只有持续学习，我们才能应对社会的变化，适应新事物。在职场中，如果我们不能保持学习，就会被他人取代。因此，我们需要抽出时间不断提升自我，保持持续学习的状态。科技进步了，我们不仅要面对电子产品更迭速度加快的现实，更要适应知识更新的速度加快。一个能够养成良好学习习惯，能够持续学习的人，才能不断适应知识的更新。因此，在未来，终身学习将成为一种常态。

四、零工经济等新的雇佣形式的出现

据统计，现在美国有30%～40%的大学毕业生是以零工的方式进入职场的，包括自由职业者、兼职工人或是按需工人等形式，且这种雇佣形式还在不断发展，很多大型公司都会招收独立工作者或是临时工人，而不是全职的员工，企业的员工群体正在发生变化。而在我国，“铁饭碗”的观念依旧根深蒂固。面对着时代的变化和雇佣方式的改变，我们必须要做好充足的准备，应对未来雇佣形式的变化。近年来，毕业后选择自由职业的大学生数量明显增多。很多大学生借助互联网平台，从事微商、主播、自由撰稿人等职业，与全职相比，零工等形式会带给我们更多的选择和更加自由的时间安排。从高校的角度来说，未来做好相应的就业指导服务是就业指导部门需要完善的重要工作；而从学生的角度来看，无论雇佣形式如何变化，我们都要端正态度，不断地强化技能、提高素养，以便在未来择业时，能够找到一份真正适合自己的工作。

练习7-3

(1) 你知道职业世界的哪些变化？和你的父母聊一聊，看看他们了解的职业世界和你了解的职业世界有什么差别。

(2) 职业世界的变化对你的目标职业有什么影响吗？对此你需要做什么准备？

职业决策

本章重点

- 了解职业决策的概念
- 了解阻碍决策的原因
- 学习常用掌握决策工具

案例导入

毕业生王文："求职"这个词一直给我一种陌生感。求职是什么？无非就是人们穿着西装，打扮整齐，然后不断地在一个又一个公司之间投递简历、参加面试的过程。在我心中，这仿佛是一件只会发生在电视剧和都市小说当中的故事。然而，没有想到这件曾经以为遥不可及的事情也会闯入我的生活。就业、考研、出国……面对如此多的选择，哪一个是适合我的？这是我现在正在纠结的问题。如果是就业，现在本科生就业很困难。新闻里说，全国高校每年毕业数百万人，一想到这儿我就头疼，家里也没什么人脉能帮助我介绍好一点的工作；如果是考研，我学的这个专业有一半的同学都想考研，不然将来想当老师的话，只有本科学历真是不够；出国是个挺好的选择，但是费用太高了，家里也不放心我自己去。真不知道自己的出路在哪里……

同学刘佳：我很早就开始准备找工作了，也做了很多准备，目前我已经收到了几家公司的面试通知，但是我觉得难以取舍。有一家公司离家比较近，企业规模不太大，员工只有60人左右，据说总加班，工资每个月4500元；第二家公司在北京，工资每个月7000元，但是家人不太同意我去，说离家远，生活成本高；第三家公司要对我们进行培训，工资每个月5000元，地点在家乡的省会济南，公司规模比较大，属于全国连锁机构。我该去哪个好呢？

在上面两个案例里，两位同学都是在未来职业选择过程中遇到了问题，同学王文纠结的是职业方向的选择，而刘佳迷茫的是岗位的选择，解决这些困难需要提升职业决策能力。

第一节　决策概述

一、决策与职业决策

(一) 决策

决策(Make Policy Decisions)的意思是做出决定或选择。决策的定义有广义和狭义之分。广义上的决策是把决策看作一个包括提出问题、确立目标、设计和选择方案的过程。狭义上的决策是把决策看作从几种备选的行动方案中做出最终抉择的行动。还有一种看法认为决策是对不确定条件下发生的偶发事件所做的处理决定，这类事件既无先例，又没有可遵循的规律，做出选择要冒一定的风险。也就是说，只有承担一定风险的选择才是决策，这是对决策概念的狭义理解。

在人的一生中，我们总会遇到需要决策的事情，小到儿童时期选择一个玩具，大到成人时期选择自己生活的城市，或者选择一份工作、一位人生伴侣等。做决策是每个人都要面对的。每个决策都影响着决策者的生活。

(二) 职业决策

职业决策(Career Decision-making)是决策者针对个人职业的发展问题，结合自身的兴趣、性格、技能、价值观，在充分分析职业环境的基础上，全面分析自己可能选择的各种职业方向及发展前景，并通过对自己的就业方向和工作岗位类别的比较、挑选，从而做出的职业目标选择，以及基于此目标制定的个人行动方案。

职业决策也有广义和狭义之分。广义的职业决策是指一个完整职业生涯规划的过程，它包括充分了解自己、了解自己所处的就业环境、充分收集职业信息、分析评估目标职业的前景、制定长短期执行目标和行动方案、对方案执行情况进行评估和调整等环节，是一个完整的过程。狭义的职业决策是指职业规划过程中的一个环节。例如，通过澄清自己的职业价值观，分析自己的职业技能、职业兴趣等自身特点，结合社会需要做出适合自己的合理的职业方向的选择过程。

做职业决策是人生道路的关键环节之一，是个人成为社会活动主体，承担社会即将赋予的责任，是实现自身人生价值的开始。在职业决策过程中既有挑战，又有风险。决策结果关联未来的程度越大，这种决策所面临的风险和挑战就越大。

决策风险是指在决策活动中，由于主、客体等多种不确定因素，而导致决策活动不能达到预期目的的可能性及其后果。降低决策风险，减少决策失误，一直广为人们关注和探讨。决策风险往往是影响决策者判断的重要因素。就大学生而言，决策风险往往会造成决策者产生迷茫困惑、犹豫不决、畏首畏尾甚至逃避等心理。

二、决策风格

面对决策，每个人所做出的反应我们称之为决策风格。决策风格是指个体在长期的决策过程中形成的比较稳定的决策倾向。决策风格对决策效果影响重大，不同决策风格的人对决策制定的方式与步骤有不同的偏好，对行动的迫切性有不同的反应，对待风险的态度与处理办法也有所差异。

(一) 决策风格分类

1966年，学者丁克里奇(Dinklage)通过广泛的访谈研究，提出了决策风格的8种类型。

1. 冲动型(Impulsive)

冲动型决策风格的人做决定非常迅速，但往往收集的信息不足，思考不周详，或不愿意投入足够的精力去研判。这种决策风格的人常常会选择最早出现的方案，但当新的方案出现时往往更改自己的决策。因此，这种决策风格的人很容易因冲动造成误判而追悔莫及。

2. 宿命型(Fatalistic)

宿命型决策风格的人不愿承担风险和责任。他们常常愿意放弃自主选择的机会，对决策带来的挑战和压力甚至决策可能带来的结果都表现出无力感和无助感。当遇到困难时，他们更愿意随波逐流，听天由命，而不是迎难而上。他们认为一切都是“注定”的，无论自己如何选择，对结果都改变不了什么。他们总是被动等待机会的降临，或是问题的自动变化和解决。

3. 顺从型(Compliant)

顺从型决策风格的人总是忽略自己的真实想法。他们往往顺从于周围人的意见来做出决定，总是“你说怎么办就怎么办”，同时，在决定后他又觉得是别人左右了自己而内心充满遗憾。

4. 延迟型(Delaying)

延迟型决策风格的人做事迟缓，思考和行动较他人滞后。他们总是尽量延迟做决定的时间，往往不到最后一刻拿不出决定来，总是抱着“能拖一天是一天”的心理。

5. 烦恼型(Agonizing)

烦恼型决策风格的人往往在决策过程中过度收集信息，使用信息时又过于瞻前顾后，反复迟疑，难以决断，常常表现为“我就是拿不定主意”，犹豫不决，在决断时心中充满煎熬。

6. 直觉型(Intuitive)

直觉型决策风格的人总爱凭借个人的直觉感受而不是客观事实做出决定。此种类型的人所做的决定有时候会带有一定的偏见性，易出现偏差。

7. 瘫痪型(paralytic)

瘫痪型决策风格的人总是感到“想到问题就害怕，完全不知道该做什么”，自己难以承担决策的风险和后果，更无法开始决策的过程，这种类型的人会极大地影响其本人职业生涯的发展。

8. 计划型(Planning)

计划型决策风格的人在做决策前能够全面收集有效信息，通过有步骤、讲方法地理性判断和分析，最终做出决定。当面对重要抉择时，计划型决策风格的人更可能做出理性的决定。

(二) 决策风格模型

决策风格模型如图8-1所示，从中我们可以清晰看到，不同类型的决策风格者之间的差距在于对自己、对环境的了解存在认知差异。其中，计划型决策风格的人建立在对自己、对外部环境都能做到深入了解的基础上而做出理智型决策；顺从型、宿命型决策风格的人往往对外部环境有部分了解，但对自身的潜力和综合能力认识不足，又不愿意承担责任和风险，造成个人自信缺失，从而形成依赖型决策；冲动型、直觉型决策风格的人对自身的整体认识比较客观，甚至有的时候会过于自信，但对外部世界认识不充分，对信息掌握不深入，比较容易因“一叶障目”而做出直觉冲动型决策；烦恼型、拖延型、瘫痪型决策风格的人常常既对自己不了解，也对外部世界充满未知，从而因信息的极度匮乏造成拖延犹豫型决策。通过决策风格模型，我们可以判断出自己决策风格的产生原因，从而学会从不同角度加强和丰富对自身、对外部世界的了解和信息积累，拓宽自己理性判断的基础，慢慢调整和改变自己的风格。

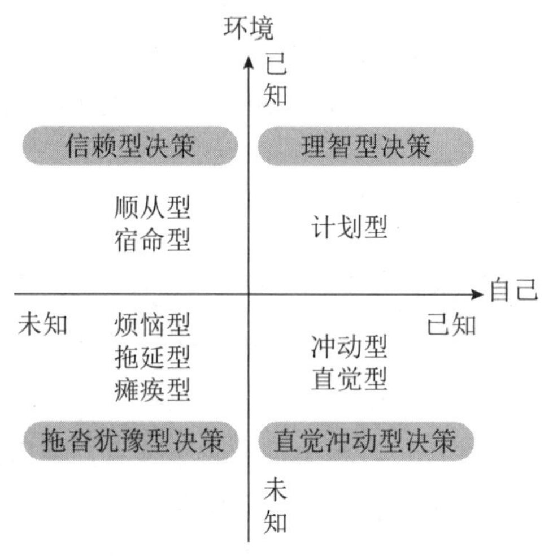

图8-1　决策风格模型

不同的决策风格会影响职业的决策结果。比尔·盖茨曾经说过：“每项事业的成功都离不开选择，而只有不同寻常的选择才会获取不同寻常的成功。”他的观点显示出一个创业者要具备超出常人的、勇敢判断和果敢决定的决策风格。著名主持人杨澜也说过：“有时命运的戏谑就在于，你一直犹豫不决，等到终于下定决心，已经到了谢幕的时间。”她的观点提醒我们，拖延型决策风格带来的是宝贵机会的哑然错失。当代作家刘心武也说：“与其讨好别人，不如武装自己；与其逃避现实，不如笑对人生；与其听风听雨，不如昂首出击。”他的观点则是鼓励我们要在迷茫中找到前进的动力与方向。

三、阻碍决策的原因

在决策的过程中是什么导致决策受阻呢？20世纪90年代，桑普森、皮特森和里尔顿在《生涯发展和服务：一种认知的方法》一书中总结出影响人们决策过程的三大因素：掌握本人和外部世界信息的情况；信息加工处理的方法；做决策时个人的信念。

(一) 掌握本人和外部世界信息的情况

掌握本人和外部世界信息的情况是做出决策的先决条件。只有清楚地知道自己的能力、素质、对未来的目标愿景、自己做决策的决定权有多大、决策时间有多少，同时充分了解到外部世界的社会环境、经济水平、行业发展情况、企业发展信息、岗位要求、晋升条件等信息，才能为准确做出明智的判断打下坚实基础。所以，正确收集和整理信息尤为重要。

(二) 信息加工处理的方法

加工处理信息的方法不同，得出的最终结论会不尽相同。例如，有的人做决策采用的是“抓重点”的方法，当选择摆在面前时，他会第一时间问自己“什么对我来说最重要”，这类人目标非常明确，不会轻易地被其他目标干扰，他总能透过选项快速抓住自己想要的东西，并做出判断和取舍；有的人做决策采用的是“找平衡”的方法，他总是试图在决策时反复权衡、寻找各因素之间的平衡关系，“鱼和熊掌”都想获得，在反复犹豫和取舍中不断调整自己的想法，最终力求获得利益最大化。

加工处理信息的方法是人在成长过程中不断习得的。有了方法，我们才会在纷繁的信息中研判和分析，最终完成决策。

(三) 做决策时个人的信念

做决策时的个人信念会极大地影响人的判断。三位研究者归纳出影响人们决策的不良信念有三种，分别是完美主义、负面思维和习惯性纠结。这些不良信念都会影响人们在决策过程中的理性判断，让人陷入迷茫、拖沓甚至痛苦中不能自拔，从而阻碍决策的完成。

四、认知信息加工理论(CIP理论)

为了充分解决以上问题，三位研究者进一步提出了CIP理论。CIP的全称为“认知信息加工理论”(Cognitive Information Processing Model)，它主要包括知识领域、决策技能领域、执行加工领域三个层次，分为自我知识、职业知识、信息加工技能、元认知四大要点。认知信息加工模式如图8-2所示。

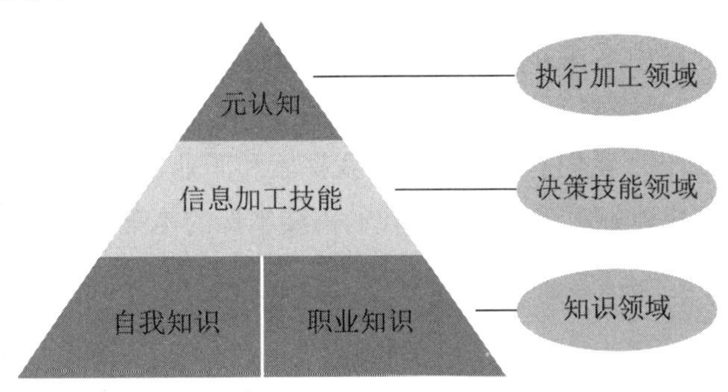

图8-2 认知信息加工模式

这个CIP模型的核心价值可以归纳为：如何做出更好的决策，并不断取得更好的结果。因此，CIP理论被广泛应用于职业生涯决策中。

(一) 知识领域

在“知识领域”中，我们要打好基础，解决认知层次的问题。决策的前提是知识和信息丰富，正所谓“知己知彼，百战不殆”。我们在决策前必须获得并丰富对自我知识和职业知识的了解，这样才能有力支持下一步做出决策。

(二) 决策技能领域

在“决策技能领域”中，我们要解决的是加工处理信息的方法。有了充分的信息并不代表一定能够做出有效的决策，还要有科学的决策原则、决策流程。因此，做决策需要科学正确的方法。

(三) 执行加工领域

在“执行加工领域”中，我们要解决“信念”的问题，在此需要学会并运用自己的“元认知”来不断检验和调整自己的决策。那么什么是“元认知”呢？我们大脑对信息的加工过程称为认知，而我们对自己的认知进行监督和调整的过程就称为元认知。元认知是一种对认知过程的觉察，人们可以通过元认知来了解、检验、评估和调整自己的认知活动。

元认知有三种常见表现：自我语言、自我觉察和自我控制与监督。自我语言就像自言自语，比如生活中有的家长批评完孩子之后，会想自己刚才说孩子是不是有点太狠了，伤了孩子自尊心。这个时候就是我们的大脑在反思刚才的言行，这就是元认知的过程。自我觉察就是对思考过程的认知和理解。比如我们常在咨询中引导来访者自我觉察。“我想知道，你在生活中遇到决策是不是也是这样呢？我想知道你和他人的人际关系是不是也经常受这样情绪的困扰呢？”通过这样让来访者对自己的既往言行进行回顾和思考，增加他的自我觉察能力。自我控制与监督的实质是人对认知活动的自我意识和自我控制。比如我们在吃过一次亏之后，下一次在类似情境下的说话和行事风格就会改变。

CIP模型向我们展示了当一个人面临决策的时候，会有这样三个层面影响他做决策的过程：第一个，他获取的信息是否对称；第二个，他是否掌握必要的决策方法对信息进行加工；第三个，在加工的过程中，他是不是能保持合适的信念，也就是他的元认知时刻在发挥作用。当我们沉浸在迷茫中不知从何处着手，也不清楚需要考虑哪些问题时，如果你能够按照CIP模型的三个层次逐一提问，问题很容易就解决。

在本书的前几个章节，我们已经完成了自我探索和职业世界探索，可以说，CIP的第一层基础，我们已经充分搭建好了，接下来，我们需要掌握的是第二层次：决策工具。

第二节　决策工具

从本章开篇的案例中，我们可以看到，两个学生反映出来的正是他们对未来职业选择和职业发展的决策问题。两者选择的矛盾点看似不同，但目标一致，都是思考如何选择出适合自己个性特点，符合自己兴趣，适用自己专长，能满足个人自身长远发展需求的理想的工作。这是临近毕业时绝大多数毕业生都面临的重大问题。

如何规避和减少风险，增加决策的准确性、科学性？本节将向大家介绍4种常用科学方法，来帮助大家拨开择业的迷雾，坚定信心，做出正确决策。

一、CASVE循环

CASVE循环是由桑普森、皮特森和里尔顿于1991年提出的一种职业生涯规划决策技术，包括沟通(Communication)、分析(Analysis)、综合(Synthesis)、评估(Value)和执行(Execution)5个阶段，用来为个人或团体提供职业生涯决策帮助。CASVE循环(见图8-3)清晰地概括了人脑对这些信息加工过程会经历哪些步骤。

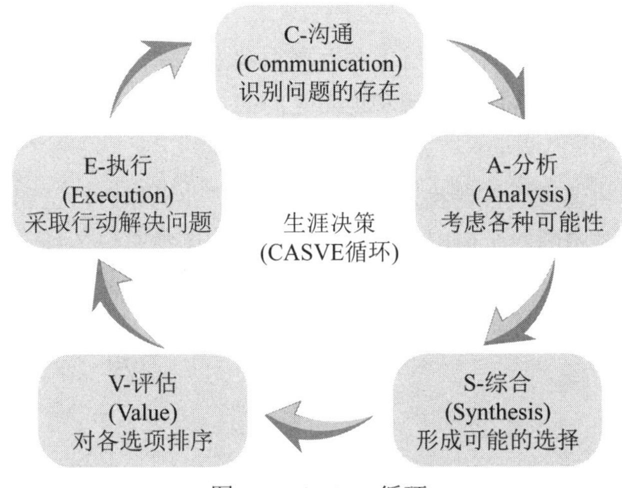

图8-3　CASVE循环

(一) 沟通

在沟通阶段，你首先要了解自己的职业理想，同时要找到职业理想与现实之间存在的差距，随后你要明确做出决策的时间，给自己一个明确的时间底线。这是自我意识觉醒，明确现在是自己需要做出选择的重要阶段。在这个阶段，你通过各种感官和思考充分接触问题，广泛收集和掌握各类与自己职业生涯决策相关的信息，去识别存在的各类问题。

这些信息可能通过内部或外部交流途径传达给我们。内部沟通包括个人情绪和身体反映出来的，当你对职业问题思考时表现出来的各种积极或消极的信号。外部沟通包括父母对你的职业规划的询问，朋友及各类社会关系对你的职业评价，或者是各类媒体关于你的专业所处行业发展前景的分析文章等。

练习8-1

回答下列问题。

(1) 关于你未来的职业，你有何设想？你希望自己未来的职业能满足你哪些需求？哪种需求是你的核心需求？

(2) 有哪些自身优势或外界因素你觉得可以利用，帮助自己成功？

(3) 你觉得自身及外部世界有哪些因素对你实现职业理想会有阻碍？

(4) 考虑到职业发展，你现在感到担忧的问题有哪些？原因是什么？

(5) 你需要在什么时间前做出决策？把它写下来吧！

在沟通阶段，你可能会感到自己在决策前积累的各种压力或痛苦，不过不要紧，要认识到，只有勇于面对问题才能有希望去解决问题。任何负面、冲动、回避的行为都对解决实际问题毫无益处，甚至可能因拖延而贻误良机。

在职业生涯决策过程中，我们通过回答以上问题明确了自己的哪些方面需要了解，环境的哪些方面需要了解，解决问题需要做些什么，这样就迈出了成功的第一步。

(二) 分析

在此阶段，你需要将以上问题的答案相互联系起来，通过审慎思考和研究，对自己的现状进行评估，从而更充分了解职业理想和现实之间的差距，分析自己和自己可能做出的多种选择。

在这一阶段，你将逐步改善自我认知，不断了解职业世界、自己和家庭需求，尽可能找出在沟通阶段发现的差距的产生原因。我们在分析阶段还需要把各种因素和相关知识联系起来，例如，把自我知识和职业选择联系起来；把家庭和个人生活的需要融入职业选择中。

练习8-2

回答下列问题。

(1) 如果要实现你的职业理想，你将需要跨越哪些困难？(按照你职业理想的数量一一列举出来)

(2) 分析上面的答案，哪个目标比较容易实现？哪个目标实现过程中面临的困难比较多、比较大？

(3) 周围对你影响力大的人对你的职业理想所持的观点是什么？把你的目标和困难与你的家人或朋友、师长分享一下，看看他们支持你继续前行的办法有哪些？你觉得这些办法是否有用？

(4) 你希望未来的职业帮你实现的终极目标是什么？你的目标是不是慢慢清晰起来了呢？

(三) 综合

在综合阶段，你需要综合和加工上一阶段提供的信息，从而制定实现目标、消除差距的行动方案。你的核心任务是找到“我可以做什么来解决问题”。这是一个先扩大后缩小选择清单的过程。首先，你需要尽可能多地找到消除差距的方法，发散地思考每一种办法，甚至采用“头脑风暴”进行创造思维，不断增加你的选择清单。然后，去除干扰项，慢慢缩减有效方法的数量，通常缩减到3～5个选项，因为我们头脑中最有效的记忆和工作容量就是这个数目。

练习8-3

回答下列问题。

(1) 针对你选择的多个职业方向，你的解决方案分别是什么？

(2) 发散你的思维，你的解决方案有哪些？列个选择清单吧，数量越多越好。(开动你的大脑，多给自己一些时间想一想，我可以做些什么？)

(3) 在你长长的选择清单里选择3～5项最优的方法，作为你落实行动的指南。

当你绞尽脑汁列出*N*多种选择清单的时候，你会觉得自己的未来豁然开朗，原来你还有这么多可以去尝试的途径，这会帮助你树立信心，增强自我认同感；而当你通过排除干扰项，把选择清单缩小到3～5个的时候，你的头脑会更加冷静、清晰。在此过程中，你一条条排除了干扰项，最终剩下最佳选择，未来就不会为没有正确择业而耿耿于怀了。

(四) 评估

在评估阶段，你可以对职业、工作或大学专业选择中的某一个选项来进行分析。

第一步，评估每一种选择对自己和他人的影响。例如，如果选择了服兵役，这一选择将会给自己、伴侣、父母、孩子等重要他人带来什么影响？每一种选择都要从对自己和对他人的代价(挑战)和益处(价值)两方面进行评价，并综合分析物质上和精神上的因素。

第二步，对综合阶段得出的选项进行排序，把你认为最好的选项排在第一位，次好的排在第二位，以此类推。此时，你会发现一个最佳选项，并且需要做出承诺去实施这一选择。

练习8-4

回答下列问题。

(1) 如果你选择……，会给你和你的家人带来什么样的收获和益处？

(2) 如果你选择……，需要你付出什么样的代价？你的家人呢？你是否愿意付出这些代价？

当你把每一个可能的选择都列举并排序(从最容易实现或益处最多的到最难实现或代价最大的)后，你的目标是否进一步清晰了？所有的利弊都摆在了你的面前，你选择的标准是什么？请你认真思考一下。

(五) 执行

根据自己最终的选择制订相应的计划，这是实施选择的阶段，是把思考转换为行动，把蓝图变为现实的操作过程。计划的制订要讲究科学，要分短期目标、中期目标、长期目标。你的计划要切实可行，你的小目标能够在有一定挑战的情况下可以实现，然后不断用一个个小目标实现时的成就感激励自己，促进自己的中期和长远目标的实现。在执行阶段，制订行动计划是整个循环中最令人兴奋和有价值的环节，作为决策者的你终于可以开始采取积极行动去解决问题了。

练习8-5

回答下列问题。

(1) 针对你选择的职业方向，你想在什么时间实现？

(2) 你的计划是什么？你的长期目标、中期目标、短期目标是什么？

(3) 为了实现你的各项目标，你将做出何种努力？

(4) 如果你的短期、中期目标实现了，你打算如何犒劳自己？

(5) 如果你执行计划中间受挫，你将如何调整你的计划？

值得注意的是，CASVE循环是一个不断重复的过程。在执行阶段之后，生涯决策者需要对自己的选择和结果进行阶段性评估，由此可能会修正和调整自己的远期目标。这样，你将开启新一轮的循环，去逐步靠近自己的梦想。CASVE决策技术无论是对解决个人职业规划问题，还是解决团体问题都非常有用。CASVE决策技术能够为你的决策提供一个有用的工具，使你成为一个更有决策力的人。

二、SWOT分析法

SWOT分析法又称态势分析法，它是由20世纪80年代旧金山大学管理学教授韦里克提出的一种战略分析方法。该方法通过综合分析研究对象的优势、劣势、机会和威胁因素，通过内部资源、外部环境有机结合来清晰地确定被研究对象的资源优势和缺陷，了解对象所面临的机会和挑战，从而在战略与战术两个层面调整方法和资源，以保障实现目标。

SWOT分析法是一种能够较客观而准确地分析和研究一家企业现实情况的方法。SWOT是英文单词Strengths(优势)、Weaknesses(劣势)、Opportunities(机会)、Threats(威胁)的缩写。SWOT分析如表8-1所示。

表8-1　SWOT分析

内部	优势(S) (这一部分填写的是个体可控并可利用和发挥出来的积极因素) (1) (2) (3) ……	劣势(W) (这一部分填写的是个体可控并可不断提升和改进的消极因素) (1) (2) (3) ……
外部	机会(O) (这一部分填写的是个体不可控但可利用和借助的外部积极因素) (1) (2) (3) ……	威胁(T) (这一部分填写的是个体不可控且会对个体产生阻碍或竞争等影响的消极因素) (1) (2) (3) ……

我们可以用SWOT分析法来评估自己的长处与短处，分析职业机会与威胁，如表8-2所示。通过SWOT表格，我们首先一一列出自己擅长做的事情或具备的优势以及不擅长或自己存在的劣势，这样可以让我们更加明确对比出自己的内部因素情况。然后，针对不同的行业或同一行业的不同公司，列举出面临的外部环境带来的机会和威胁。

表8-2　SWOT分析(示例一)

内部	优势(S) (1)有较强的学习、模仿能力、社会适应能力，责任感强 (2)学习、做事认真踏实，具备一定的人文素养、逻辑思考和书面表达能力 (3)诚实稳重、为人正直、待人诚恳、喜欢与人交往	劣势(W) (1)社会经验不足，知识面过窄 (2)执行能力不足，自己制订的很多计划，没能得到很好的实施 (3)表达沟通能力较差 (4)专业知识技能尚待完善
外部	机会(O) (1)信息时代，有许多可以被利用的资源，包括图书馆的各种资源 (2)在学校有很多学习机会，有构建良好的人际关系的条件 (3)国家对于高端复合型人才需求量较大	威胁(T) (1)目前我国就业形势严峻，各用人单位对人才素质提出了更高的要求，更加看重工作经历而非学历 (2)毕业生数量剧增，就业机会不均等 (3)市场变化快，对个人发现机会、展示自己并把握机会能力有很大考验

根据SWOT分析表，我们可以组合成职业生涯发展的4种策略组合：SO——优势和机会、ST——优势和威胁、WO——劣势和机会、WT——劣势和威胁。

(1) SO——优势和机会。这是最理想状态的发展策略组合。在这种模式下，聪明的决策者应善于发展和培养与职业相关的自身内部特长和优势，同时充分发掘和利用外部环境中能够有利促进个人优势成长的各类机遇和条件，从而达到迅速成长，适应市场需求，实现个人职业发展目标的作用。

(2) ST——优势和威胁。这是最具挑战要求的发展策略组合。在这种模式下，决策者需要开动脑筋，想办法利用自身优势去努力弥补、回避或减轻外部世界的不利因素，把威胁的影响力争取降到最低。

(3) WO——劣势和机会。这是转变求进的发展策略组合。在这种模式下，决策者应该冷静判断外部世界带来的机会与条件，澄清自己的弱势或不足，及时转变观念，调整个人发展策略，以机遇和条件来调动自己去不断弥补自身弱项，才能逐步把自己的劣势转变成自身的优势，达到职业发展的需求。

(4) WT——劣势和威胁。这是最难实现的发展模式。在这种模式下，决策者应正视自身劣势，努力减少自身不利因素，尽量回避和减轻环境威胁对自己的影响，甚至有时需要调整和适度降低自己的预期值来改变劣势。

下面，我们通过一个案例来了解一下如何使用SWOT分析表解决我们在职业决策中的问题。这是一个想当对外汉语教师的本科学生对自己进行的SWOT分析，如表8-3所示。

表8-3　SWOT分析(示例二)

内部	优势(S) (1)对语言学习有浓厚的兴趣，英语基础扎实，成绩较好 (2)语言表达能力强，能够流畅清晰地进行授课 (3)性格开朗，热情有耐心，人际沟通能力强，可以做到在课堂上引导学生	劣势(W) (1)目前掌握的专业知识不够，还需继续系统地学习 (2)跨文化交际能力亟待提升 (3)缺乏实践和工作经验，招聘机构对实践和工作经验有要求的情况下没有竞争优势 (4)第一学历为普通本科(非985、211)，求职可能会遇到阻碍
外部	机会(O) (1)所在的学校师资力量雄厚，能受到良好的专业教育 (2)校园内外国留学生众多，可以锻炼跨文化交际能力 (3)院系学生会每年招聘新人，可以锻炼综合素质与活动组织能力，有助于更快适应职场 (4)家乡所在城市国际化建设程度高，有多家汉语教学机构，未来可申请实习实践和求职	威胁(T) (1)目前我国就业形势严峻，各用人单位对人才素质提出了更高的要求，更加看重工作经验 (2)毕业生数量剧增，就业机会不均等 (3)市场需求变化快，对个人发现机会、展示自己并把握机会能力有很大考验 (4)与其他高校同专业毕业学生的竞争

在表8-3中，该学生分别剖析出自己内部因素中的优势和劣势以及外部因素中的机会和威胁。通过分析，她发现自己劣势中的四点问题有三点可以通过自己拥有的外部机会去发展和弥补；自己面临的四点外部威胁，也可以通过发挥自己的优势和充分利用外部机会去逐一解决或缩小差距。比如她的劣势有“目前掌握的专业知识不够，还需继续系统地学习”，这个问题在她拥有的外部机会“所在的学校师资力量雄厚，能受到良好的专业教育”条件下就能很好地解决；她面临的威胁“目前我国就业形势严峻，各用人单位对人才素质提出了更高的要求，更加看重工作经验”在“家乡所在城市国际化建设程度高，有多家汉语教学机构，未来可申请实习实践和求职”条件下就能获得弥补不足的外部机会。

通过这样的表格式分析，学生可以进一步理清未来要努力的方向，树立成功实现自身职业理想的信心，为下一步做出适合自己职业生涯发展的长短期目标，奠定基础。

三、决策四步法

做出职业生涯决策的第三种工具叫“决策四步法”。通常情况下，与决策紧密相连的因素有四个，分别是决策权、决策时间、观点和终极目标。在决策时能够明确决策权，确定做出决策的时间底限，找到自己的观点，最终澄清终极目标的方法就称为“决策四步法”，如图8-4所示。

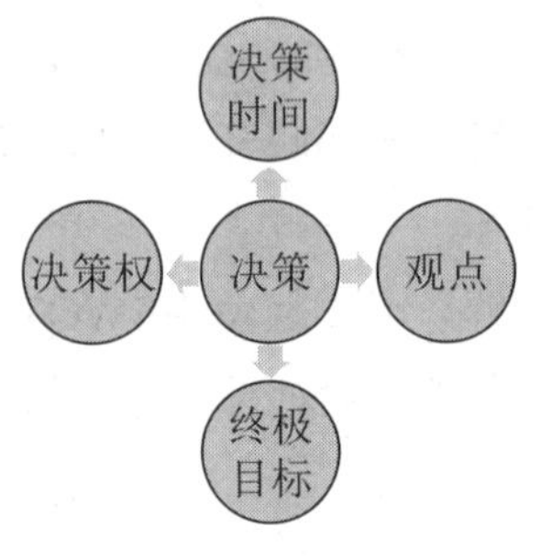

图8-4　决策四步法

(一) 明确决策权

决策权是决策者对决策系统内的活动拥有的选择、驾驭、支配的权力。当一份选择摆在你的面前，你首先要思考：对于这个选择，你完全自主选择的权限有多大？也就是“你自己说的算不算？”。还要思考：你属于一级决策者还是二级决策者？决策权超过60%的人，属于一级决策者；决策权低于60%的人，属于二级决策者，只能选择应对方法，或者去争取决策权。

现实生活中，有的人找工作、选择职业完全是自主选择，周围环境和人都不干涉和阻碍；有的人选择职业，则首先要考虑父母长辈或老师的意见，其次才是自己的想法。开明的父母往往在表达自己意见的同时，仍会尊重孩子自己的选择，但也有家长总是否定孩子自己的意见，最终还是“按家长说的办”。

决定决策权的因素包括以下几种：①决策权与决策者所处的身份地位相符；②决策权的大小与决策者的素质相符；③决策权与决策者能承担的责任相符。正是由于人的年龄、阅历、成熟程度、独立性、性格、社会角色和地位以及能承担责任的程度等存在明显的差异，因此，我们就不难理解为什么一个组织里每个人的决策权会有所区别。

(二) 明确决策时间

在这一步，你要确定好完成这个决策的时间底限是什么？最晚到什么时候，你必须有一个选择？没有时间底限，就是被动等待，而非主动决策。

之前影响你决策的原因是什么呢？是信息不足，方法不够，还是信念不合理？如果是信息不足，我们前面讲到了要充分整理和收集信息的方法；如果是方法不够，我们介绍了处理信息的技术方法；如果是信念问题，我们就必须依靠元认知的力量，通过自我觉察、对话、监督的方式，达到计划、监控、调节的目标，以帮助成果的取得。

(三) 找到自己的观点

假如拿你要决策的事，咨询你的家人、朋友、人生榜样等，他们会给你什么样的建议？他们为什么会有这样的建议？对此，你怎么看？通过对他们的观点分析，你的观点是什么？我们通过这样的方法来找到并完善自己的观点。

(四) 澄清终极目标

不忘初心，你的终极目标要时刻牢记。跨越选项看目标才能做出有效比较。无论你选择什么，最终你要的是什么？无论你选择哪条路，你的目的地是哪里？只有澄清并明确自己的终极所求是什么，你的决策才会找到正确的落脚点。

四、决策体验单

当你运用决策四步法做出你的初步决定以后，我们需要更为深刻地思考这样的选择是否恰当。这时候，我们推荐你使用接下来的小工具——决策体验单如表8-4所示。

表8-4 决策体验单

选项	
价值	
挑战	
行动	
未来	

决策体验单能帮助你对做出的某一选项进行深入探寻。无论选择哪个选项，都将对你接下来的生涯带来截然不同的体验，现在我们可以选择一个选项来做个体验。

(一) 选项

请问，你想体验哪个选项？如果你选出来了，就把它填写在“选项”后面的空格里。接下来，我们先把别的选项放下，尽情地来体验这个选项带来的一切。

每个选项都有吸引我们的部分，我们来看看对于这个选项，会给我们带来哪些价值。

(二) 价值

假如你选择了……，那么在接下来从……到……的时间里，这个选择将给你带来哪些价值？这个选择会给你带来哪些好处？请详尽地填写在“价值”后面的空格里。

(三) 挑战

有价值，必然有挑战，我们不妨把可能的挑战都罗列出来，看看如何应对：假如选择了……那么接下来的……时间里，你必然要面临的挑战有哪些？选择这个选项，你需要克服的问题有哪些？请详尽地填写在“挑战”后面的空格里。

(四) 行动

对于挑战，我们能够采取的行动就是接纳或者面对，对于这些，哪些是我们不得不接纳的现实？哪些是我们可以通过努力去化解的？在这种情况下，你将如何做呢？请详尽地填写在“行动”后面的空格里。

(五) 未来

当然，我们必须着眼于未来，充分体验选择将给我们带来的感受，才能真正做出选择：首先，把你刚才呈现的所有信息复述一遍，假如选择了……那么，在接下来的……时间里，我们将获得的好处有……，我们必然面临的挑战有……，对于这些挑战，第一条，我们将……；第二条，我们将……。现在想象一下，未来……，你愿意拥有这样生活的倾向程度是多少？请详尽地填写在“未来”后面的空格里。

通过分析，你把这个选择诸多需要考虑的因素都想清楚了，现在你的头脑已经经历过一次难忘的生涯体验，你的感觉怎么样？如果你能把每一个你的选项都这样体验一下，你对未来就可以有更为多样的挑选空间了。也许这些选项都很精彩，也许这些选项都有不尽如人意的地方，那么我们如何做出取舍和最后的决策呢？这就需要利用下面的工具了。

五、决策平衡单

在决策过程中，当你需要对多种选择进行评估排序时，理性思维的人可能会感受到不同决定所涉及的影响因素所占的重要程度有所区别，需要用权重计算来比较，才能更好地体现出来。在这里，推荐你使用“职业生涯决策平衡单”。

“职业生涯决策平衡单”将重大事件的决策思考方向集中在4个方面来考量，包括个人物质方面的得失、他人物质方面的得失、个人精神方面的得失、他人精神方面的得失。职业生涯决策细目表如表8-5所示。

表8-5　职业生涯决策明细

个人物质方面的得失	他人物质方面的得失	个人精神方面的得失	他人精神方面的得失
经济收入 工作难易程度 晋升机会 工作环境的安全 工作自由度 休闲时间 生活变化 对健康的影响 就业机会 其他	家庭经济收入 家庭社会地位 与家人相处的时间 家庭的环境 其他	生活方式的改变 成就感 自我实现的程度 兴趣的满足 挑战性和创新性 社会声望 符合自我道德标准的程度 达成长远生活目标的机会 其他	父母 师长 配偶 孩子 朋友 邻里 其他

职业生涯决策明细表中的4个主题，反映了我们在做职业生涯决策时要考虑的价值需求。你可以利用决策平衡单将这些价值需求按照自己心目中的重要程度进行权重赋分(1～5)，并将它作为评判标准，逐项对所有项目加权计分，最后按照选项总分排序。分数高的，就是你的最佳选择。职业生涯决策平衡单如表8-6所示。

表8-6　职业生涯决策平衡单

考虑因素		选　项						
		权重分数	选择一（　）(−10～+10)		选择二（　）(−10～+10)		选择三（　）(−10～+10)	
		(1～5)	+	−	+	−	+	−
个人物质方面的得失	(1)经济收入							
	(2)工作难易程度							
	(3)晋升机会							
	(4)工作环境的安全							
	(5)工作自由度							
	(6)休闲时间							
	(7)生活变化							
	(8)对健康的影响							
	(9)就业机会							
	(10)其他							

(续表)

考虑因素		权重分数	选项					
			选择一 (　　) (−10～+10)		选择二 (　　) (−10～+10)		选择三 (　　) (−10～+10)	
		(1～5)	+	−	+	−	+	−
他人物质方面的得失	(1)家庭经济收入							
	(2)家庭社会地位							
	(3)与家人相处的时间							
	(4)家庭的环境							
	(5)其他							
个人精神方面的得失	(1)生活方式的改变							
	(2)成就感							
	(3)自我实现的程度							
	(4)兴趣的满足							
	(5)挑战性和创新性							
	(6)社会声望							
	(7)符合自我道德标准的程度							
	(8)达成长远生活目标的机会							
	(9)其他							
他人精神方面的得失	(1)父母							
	(2)师长							
	(3)配偶							
	(4)孩子							
	(5)朋友							
	(6)邻里							
	(7)其他							
合计								
正负相加的总分								

“职业生涯决策平衡单”的使用方法如下所述。

(1) 在选择一、选择二、选择三的括号里，依次填写困扰自己的选择方向，有几个就填几个，选项格可以根据你的需要来增减。

(2) 在考虑因素空格里写下你正在思考的得失问题。

(3) 在权重分数空格里，按照从1～5，设定不同考虑因素在你自己心目中所占的分值。重要的因素分值高，次要的因素分值低一些，但都要求是整数值。

(4) 把每一种选择项里对应的考虑因素，按照你评估和了解的情况依次打分，分数范围为(-10～+10)，为整数值。如果这个职业选择带给你的价值多，就打高分，价值少就打低分，没有价值的地方可以是0分，有不良阻碍和影响的可以打负分。如果是正值，就写在“+”所在列，如果是负值，就写在“-”所在列。

(5) 用权重分数分别乘以“+”“-”所在列的分数，可以计算出合计分值。

(6) 将同一选项获得合计里面的正负分相加，得到的总分就是这一选项的最终得分。我们根据最终得分就获得了多种选项的排序。可以依据此理性的计算方式，获得客观判断的结论，从而摆脱难以取舍的局面。

接下来，我们举个例子。学生王苗正在找工作，他的面前有三个选择：第一，到某大学当行政管理人员；第二，当公务员；第三，应聘到企业做运营工作。他的职业生涯决策平衡单如表8-7所示。

表8-7　职业生涯决策平衡单(范例)

考虑因素		选项						
		权重分数	选择一(大学行政人员)(-10～+10)		选择二(机关公务员)(-10～+10)		选择三(企业运营)(-10～+10)	
		(1～5)	+	-	+	-	+	-
个人物质方面的得失	(1)收入令人满意	4	8		7		6	
	(2)工作难易程度适合个人能力	3	6		4		8	
	(3)有很好的晋升机会	5	7		5		8	
	(4)工作环境安全舒适	3	10		10		8	
	(5)工作自由度比较大	4	4		3		8	
	(6)休闲时间多	3	9		5		3	
	(7)生活变化不大	1	10		7		3	
	(8)对健康有无影响	4	5		5			-3
	(9)未来跳槽或寻求其他就业机会	2	5		4		8	
他人物质方面的得失	(1)家庭经济收入增加	5	4		5		8	
	(2)家庭社会地位提升	2	9		10		4	
	(3)与家人有充足的相处时间	3	7		3		3	
	(4)可能促使家庭搬到工作当地	3	3		8		6	
	(5)孩子上学落户有优惠政策	3	8		9			-2

(续表)

<table>
<tr><th colspan="2" rowspan="3">考虑因素</th><th colspan="7">选　项</th></tr>
<tr><th>权重
分数</th><th colspan="2">选择一
(大学行政人员)
(−10～+10)</th><th colspan="2">选择二
(机关公务员)
(−10～+10)</th><th colspan="2">选择三
(企业运营)
(−10～+10)</th></tr>
<tr><th>(1～5)</th><th>+</th><th>−</th><th>+</th><th>−</th><th>+</th><th>−</th></tr>
<tr><td rowspan="8">个人精神方面的得失</td><td>(1)生活方式发生改变</td><td>3</td><td>5</td><td></td><td>6</td><td></td><td>9</td><td></td></tr>
<tr><td>(2)成就感</td><td>4</td><td>7</td><td></td><td>4</td><td></td><td>9</td><td></td></tr>
<tr><td>(3)自我实现的程度</td><td>5</td><td>8</td><td></td><td>6</td><td></td><td>8</td><td></td></tr>
<tr><td>(4)工作内容符合个人兴趣</td><td>4</td><td>6</td><td></td><td>3</td><td></td><td>8</td><td></td></tr>
<tr><td>(5)工作有挑战性和创新性</td><td>5</td><td>7</td><td></td><td>4</td><td></td><td>10</td><td></td></tr>
<tr><td>(6)社会声望较好</td><td>4</td><td>10</td><td></td><td>8</td><td></td><td>7</td><td></td></tr>
<tr><td>(7)符合自我道德标准</td><td>2</td><td>10</td><td></td><td>10</td><td></td><td>10</td><td></td></tr>
<tr><td>(8)有达成长远生活目标的机会</td><td>5</td><td>8</td><td></td><td>5</td><td></td><td>8</td><td></td></tr>
<tr><td rowspan="3">他人精神方面的得失</td><td>(1)父母满意放心</td><td>3</td><td>6</td><td></td><td>9</td><td></td><td>5</td><td></td></tr>
<tr><td>(2)师长觉得有前途、有发展</td><td>1</td><td>6</td><td></td><td>8</td><td></td><td>5</td><td></td></tr>
<tr><td>(3)女朋友觉得满意放心</td><td>4</td><td>8</td><td></td><td>8</td><td></td><td>5</td><td></td></tr>
<tr><td colspan="3">合计</td><td>588</td><td>0</td><td>502</td><td>0</td><td>560</td><td>−18</td></tr>
<tr><td colspan="3">正负相加的总分</td><td colspan="2">588</td><td colspan="2">502</td><td colspan="2">542</td></tr>
</table>

通过运用“职业生涯决策平衡单”，王苗根据每个选择的岗位具体情况，将自己考量的权重和每个需要比较的因素列举出来，经过数学运算，最终得出：到大学做行政管理人员目前是最适合自己的选择。由此，他终于不再纠结，做出了自己的决策。

目标与行动

本章重点

- 了解目标的意义
- 了解目标制定的原则
- 学习制订行动计划

案例导入

学生张艺：我是一名大一新生，对自己目前所学的汉语言文学专业不太了解，也很担心未来能否找到合适的工作。我听说2020年“十大最难就业专业”中就有汉语言文学。我也悄悄查了一下，发现“汉语言文学专业”的本科生想找到专业对口工作的机会简直太少了。貌似这是一个看起来什么都能干，但其实什么都干不了的专业。听说学校有转专业的机会，我不确定自己要不要争取换一个专业。

学生刘英：刚进大学时，我觉得自己应该更开朗一些，就报名加入民管会，成为生活部的一员。那时我给自己定了很多目标，但由于自己的懒散都没有实现。大学4年，我都很迷茫，觉得自己一事无成。与其他同学相比，我很普通，无论是专业课成绩还是与人交往的能力都不突出，也很少参加学校的各类比赛和活动，所以写起简历特别困难。看见别人的简历写得满满的，比赛啊，成绩啊，我真的很羡慕。我一共考过两次英语四级，但由于每次分数都特别低，后来就放弃了。而应聘人员拥有四级证书是很多公司的招聘要求，你和你心仪的公司有时就是差一个英语等级证书。如果我在学校时多学一些技能，多拓展一些知识和眼界，也许我今天站在这里就不会这样了。

这两个案例反映的问题都是目标的不确定性。第一个案例中的“张艺”是学习目标不确定，由于他对自己的专业不了解，造成学习兴趣淡漠，所以产生转专业的想法；第二个案例中的“刘英”是发展目标不确定，他在学习过程中总是轻言放弃，所以在毕业求职时缺乏竞争力。要从根本上解决“目标不确定”的问题，需要学习关于“目标”的相关知识。

第一节　目标的意义

德国古典哲学创始人康德曾经说过：“没有目标而生活，恰如没有罗盘而航行。”这句话点明了在生活中目标的重要性。在职业生涯发展规划过程中，目标也同样重要。

美国耶鲁大学进行过一次跨度20年的跟踪调查。最早，这个大学的研究人员对参加调查的学生们提了一个问题：“你们有目标吗？”90%的学生回答说有。研究人员又问：“如果你们有了目标，那么，是否把它写下来了呢？”这时，只有4%的学生回答说：“写下来了。”

20年后，耶鲁大学的研究人员跟踪当年参加调查的学生们的发展情况。结果发现，那些有目标，并且用白纸黑字写下来的学生，无论是事业发展还是生活水平都远远超过了没有这样做的学生。他们创造的价值超过剩下的96%的学生的综合。而那96%的学生今天在干什么呢？调查人员发现：这些人忙忙碌碌，一辈子都在直接或间接地帮助那4%的人实现他们的理想。

耶鲁大学的研究说明，只有有目标的人，才有明确的进取方向，才能在有限的时间里实现自己的梦想。因此，我们应该尽早树立起合理的目标，对自己的职业发展方向有清晰的概念。

第二节　目标制定的原则

一、SMART原则

说到目标制定原则，有这样一个故事：

培训课堂上，有位保险销售员举手问老师："老师，我的目标是在一年内赚100万元！请问我应该如何实现我的目标呢？"老师便问他："你相不相信你能达成？"他说："我相信！"老师又问："那你知不知道要通过哪个行业来达成？"他说："我现在从事保险行业。"老师接着又问他："你认为保险行业能不能帮你达成这个目标？"他说："只要我努力，就一定能达成。""我们来看看，你要为自己的目标做出多大努力，根据我们的提成比例，100万元的佣金大概要做300万元的业绩。一年300万元业绩，一个月就要达到25万元业绩，每一天需要达到8300元业绩。"老师说。"每一天8300元业绩，大概要拜访多少客户？""大概要50个人。""那么一天要50个人，一个月要1500人，一年就需要拜访18 000个客户。"这时，老师又问他："请问你现在有没有18 000个A类客户？"他说没有。"如果没有的话，就要靠陌生拜访。你平均一个人要谈上多长时间呢？"他说："至少20分钟。"老师说："每个人要谈20分钟，一天要谈50个人，也就是说你每天要花16个小时与客户交谈，还不算路途时间。请问你能不能做得到？"他说："不能。老师，我懂了，这个目标不是凭空想象的，是要凭着一个能达成的计划而实施的。"

可见，目标不是孤立存在的，目标和计划是相辅相成的，目标指导计划，计划的有效性影响着目标的达成。所以，我们在执行目标的时候，要考虑清楚自己的行动计划，思考怎么做才能更有效地完成目标；否则目标定得越高，达成的效果越差。

目标的设定要遵循科学的原则——SMART原则，只有具备SMART化的行动目标，才是具有良好可实施性的，也才能保证计划得以实现。

1. S——具体明确(Specific)

描述目标或计划的语言要切中工作指标，不能笼统含糊，不能说"我要合理利用时间，提高学习成绩"，而要说"我运用番茄时钟管理法，每天利用2小时业余时间，进行当天所学课程复习巩固，在期末考试中平均成绩排名前进5名。"

2. M——可衡量(Measurable)

目标当中的每一个指标都是可数量化或者行为化的，验证这些指标的数据或者信息是可以获得的，这就是可度量。比如，你的单词积累数量达到6500个，你的英语文章阅读量达到800篇等。

3. A——可实现但有挑战性(Achievable but Challenging)

这是指你给自己确定的目标指标在付出正常努力的情况下是可以实现的，避免设立过高或过低的目标。

在保险销售员的故事中，从他目前的实际情况看，他的目标就属于过高目标。目标太高，好高骛远，便高不可攀；期望太大，不着边际，便望而生畏。这样，导致的结果因力不从心而半途而废，最终目标制定人产生挫败感。而过低目标又缺乏挑战性，让执行者提不起兴趣或延缓自己前进的脚步。只有明确而又可行的目标，真实而又适度的期望，才能让人看得见，摸得着，才能引领你脚踏实地，胸有成竹地朝前走。

4. R——相关性(Relevant)

职业生涯规划过程中的目标要与自己未来的工作岗位有关联性，这种关联性越密切越好。在制定目标的时候要明确，阶段目标指标的完成应有利于促进自己与未来岗位的匹配度提升。

5. T——有时间底限(Time bound)

在制定目标时，要注重完成目标中各个指标的期限。目标应该有计划、分步骤地设置完成时限，比如几小时、一天、一周、一个月，乃至更长时间，但不能一下子设置到大学毕业前。这种分解目标的方法可以在实现目标的过程中，减轻大目标带给你的压力感，提升你的信心和满足感，同时这个目标也更为有效。

除SMART原则之外，目标的制定还有一条非常重要的原则，那就是可控性(Controllable)，即你制定的目标能否完成的决定权在自己手中，是你自己可控的，不受外界影响的。目标的可控性就是指你自己是目标实现的责任人和控制人，你的目标完全“属于”你。

二、目标的分解

目标分解(Target Decomposition)就是将总体目标在纵向、横向或时序上分解为各层次，形成目标体系的过程。目标分解是明确目标责任的前提，是使总体目标得以实现的基础。

(一) 职业目标的类型

职业目标可以按照性质维度和时间维度进行分解。

1. 按照性质维度分解

按照性质维度，职业目标可分解为外职业生涯目标和内职业生涯目标。

(1) 外职业生涯目标。外职业生涯包括工作内容、工作单位、工作地点、工作环境、薪酬待遇、晋升路径等内容。外职业生涯目标不可控。在职业生涯初期，外职业生涯目标往往比较难于实现，这主要是因为学生对自身职业素质和个人定位不够准确，缺乏必要的工作经验。

(2) 内职业生涯目标。内职业生涯目标包括职业知识技能、可迁移技能、自我管理技能、心理素质、内心感受和目标观念等。这些目标可以通过自己的努力，制订周密科学的计划，加之坚定地执行来逐步实现，属于可控的目标。因此，我们每个人都要认识并努力提升自身的内职业生涯目标，并通过内职业生涯目标的一步步完成和提升来推动自己外职业生涯目标的实现。

2. 按照时间维度分解

按照时间维度，职业目标可分解为长期目标、中期目标、短期目标。短期目标又可分解为年目标、月目标、周目标、日目标等。

(二) 职业目标分解的要求

进行职业目标分解时要遵循以下要求。

(1) 职业目标分解应按整分合原则进行，也就是将总体职业目标分解为不同层次的分目标，各个分目标的综合又能体现和满足总体职业目标的发展需求。

(2) 分目标要保持与总体职业目标方向一致，即每个分目标的内容上下贯通，保证总体目标的实现。

(3) 在职业目标分解中，我们要注意到各分目标所需要的条件及其限制因素等，要有全盘考虑的思维方式，才能有效评估目标实施的可行性，促进目标的科学调整和完成。

(4) 各分目标之间在内容与时间上要协调、平衡，并同步发展，不影响总体职业目标的实现。

(5) 各分目标的表达也要简明、扼要、明确，有具体的目标值和完成时限。

例如，一名学习汉语国际教育专业的本科同学打算成为一名对外汉语教师，那她就首先要明确自己想选择的是国内院校的对外汉语教师、国外教育机构的对外汉语教师，还是国内教育培训机构的对外汉语教师。假如她想成为国外教育机构的对外汉语教师，她就需要明确自己在本科阶段要把专业学好，提高综合素质、授课能力和外语教学水平，毕业后要报考相关专业研究生；在读研究生期间考取《国际汉语教师证书》，要申报并参加国家公派的海外志愿者项目，积累在海外教育机构的教学经验，如果连续两年在海外机构授课，她可以报考国家公派教师，获得公派到各个海外国家孔子学院或孔子课堂担任教师的机会。这个过程就是目标的分解。

第三节　制订行动计划

一、制订行动计划的意义

有了明确的目标，我们就需要制订实现这些目标的计划。职业目标的实现更离不开职业生涯发展规划的具体计划。让我们来看看下面的例子吧！

有一个女孩，由于身体纤弱，每次体育课跑步都落在最后。这让好胜心极强的她感到非常沮丧，甚至害怕上体育课。这时，女孩的妈妈安慰她：“没关系的，你年龄最小，可以跑在最后。不过，孩子你记住，下一次你的目标就是只追前一名。”

小女孩点了点头，记住了妈妈的话。再跑步时，她就奋力追赶她前面的同学。结果从倒数第一名，到倒数第二、第三、第四……一个学期还没结束，她的跑步成绩已跑到中游水平，而且她也慢慢地喜欢上了体育课。接下来，小女孩的妈妈把“只追前一名”的理念，延伸到她的学习中。妈妈告诉她：“如果每次考试都超过一个同学的话，那你就非常了不起啦！”就这样，小女孩的妈妈始终以“只追前一名”的理念引导和教育女孩。在这种理念的引导下，这个女孩2001年从北京大学毕业，同年4月被哈佛大学教育学院以全额奖学金录取，成为当年哈佛教育学院录取的唯一一位中国本科应届毕业生。她就是朱成。

2002年6月，朱成获得哈佛大学硕士学位，同年9月她被哈佛大学文理学院聘为全职教师。2003年9月，她在哈佛大学攻读博士学位。2006年4月，她当选为有11个研究生院、1.3万名研究生的哈佛大学研究生院学生会总会主席。这是哈佛370年历史上第一次由中国籍学生出任该职位，这在当时引起了巨大轰动。

又如，世界著名撑竿跳高运动员布勃卡有个绰号叫“一厘米王”，因为在一些重大的国际比赛中，他几乎每次都能刷新自己保持的纪录，将成绩提高一厘米。当成功地跃过6.15米、第35次刷新世界纪录时，他不无感慨地说：“如果我当初就把训练目标定在6.15米，没准儿会被这个目标吓倒。”

朱成和布勃卡的成功经历告诉我们，目标和计划要制订得具体、明确、可实现，小目标要紧密围绕大目标的方向。合理的行动计划如图9-1所示。

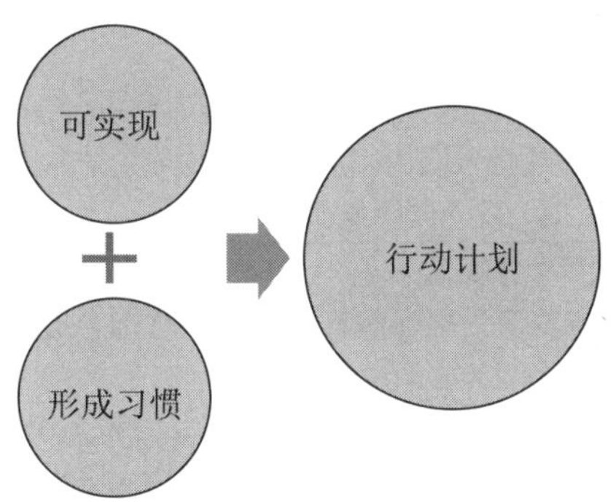

图9-1　合理的行动计划图

二、职业定位表

为了更好地完成行动计划，我们要填写职业定位表，如表9-1表示。

表9-1　职业定位表模板

职业目标	
职业发展策略	
职业发展路径	

在职业定位表里，我们需要分别确定职业目标、职业发展策略、职业发展路径。我们首

先需要确定职业目标，之后是围绕目标选择适合自己的职业发展策略。

职业发展策略是指为实现职业发展目标的行动计划，一般都是具体的、可行性较强的。职业发展策略可以分为三种类型。

第一种，一步到位型。一步到位型策略针对现有条件下可以达成的职业目标。比如你希望成为机电技师，可以利用现有资源直接进入机电方面的企业。

第二种，多步趋近型。多步趋近型策略针对目前无法实现的职业目标。先选择一个与目标相对接近的职业，然后逐步趋近，以达成自己的理想目标。比如你想做企业老板，但目前没有足够的资本，因此先给别人打工，以积累资源。

第三种，从业期待型，即在自己无法实现理想目标，也没有相近的职业可以选择的情况下，先选择一个职业投入工作，等待机会，以实现自己的理想目标。比如你想去外企发展，但由于技术和经验达不到外企的要求，这时你可先进入一家民营企业学习技术和积累经验，等达到外企的要求后再寻求发展。

我们来看看一位想当对外汉语教师的英语专业本科同学为自己制订的职业定位分析(见表9-2)。

表9-2　职业定位分析(示例)

职业目标	汉语国际教师
职业发展策略	采用多步趋近型策略： (1) 大学期间好好学习,努力达到本专业年级排名前10，积极参与跨文化交流活动，做好考研准备 (2) 考取汉语国际教育专业研究生 (3) 研究生就读期间，获得在校内实习的机会，考取《汉语国际教师证书》，考取海外志愿者或进入国内相关教育机构成为一名实习对外汉语教师 (4) 毕业后成为汉语国际教师
职业发展路径	走专业教师发展路径： (1) 大一夯实汉语国际教育专业知识基础，提高综合素质，提高公众场合演讲水平，锻炼组织活动的能力 (2) 大二系统学习中华文化，提高教学技能，积极利用学校资源参与国际学生交流活动，提高跨文化交际能力；提高外语水平，满足未来外语授课需求 (3) 大三做好考研的各项准备工作 (4) 大四考取汉语国际教育专业研究生 (5) 研究生一年级获得在校实习的机会，担任国际学生班级助教 (6) 研究生二年级出国担任志愿者，努力获得进入孔子学院的机会或成为一名对外汉语教师

结合职业定位表的内容，该同学以年级和学期为周期，分别制定了自己各阶段需要完成的目标，并设计了本科读书阶段的行动计划表，如表9-3所示。

表9-3　行动计划(示例)

年级	学期	目标	具体行动计划
大一	上	(1)适应大学生活，开阔眼界 (2)锻炼人际交往能力、沟通能力和公众场合表达能力 (3)备考大学英语四级 (4)培养目标管理能力和时间管理能力 (5)养成阅读的习惯 (6)体验职场生活，了解职场运作规则 (7)掌握PS、PPT等基础软件	(1)报名加入学生会、班委会和社团等学生组织 (2)做好自我介绍的准备，积极参与学校和学院组织的活动以及学生会的各项工作，每月结识3位新朋友，参加学校组织的语言类的学习、竞赛或表演活动 (3)每天复习雅思及四级单词25个，完成2019—2020年的12套四级真题 (4)每天在成长计划中打卡，记录个人的学习、工作和生活情况，定期总结 (5)每学期至少阅读5本专业类图书，阅读后撰写读书笔记 (6)寒假期间进行至少为期10天的社会实践或实习兼职 (7)寒假期间每周看10节PS、PPT的网课
	下	(1)提高学习成绩，进入本专业年级排名前10，获得奖学金 (2)学习掌握并巩固锻炼综合技能 (3)锻炼团队合作能力和组织协调能力 (4)锻炼逻辑思辨能力 (5)备考大学英语四级 (6)培养目标管理能力和时间管理能力 (7)养成阅读的习惯 (8)体验职场生活，了解职场运作 (9)掌握PR(Premiere Pro视频编辑软件)、Excel技能	(1)找到并优化自己的学习方法，课上认真听讲，课下及时整理和复习，认真备考期末考试 (2)参与学生会干部培训，掌握活动策划、新闻撰写、视频拍摄和剪辑、图文排版等技能 (3)认真备战学生会组织的学生干部技能大赛 (4)自主学习清华大学的《逻辑学导论》慕课 (5)每天复习雅思及四级单词25个，完成2017—2018年的12套四级真题 (6)坚持每天在成长计划中打卡，记录学习和工作生活并定期总结反馈 (7)阅读5本专业书籍，并撰写读书笔记 (8)暑假期间进行至少为期20天的社会实践或实习兼职 (9)暑假期间每周看10节PR、Excel的网课
大二	上	(1)英语四级考试争取达到600分以上 (2)巩固和提升已掌握的干部技能，培养组织能力 (3)打磨教学细节，提高教学能力 (4)养成学术研究思维 (5)收集招聘信息，体验职场生活，了解职场运作	(1)着重复习四级单词，复习2017—2018年的四级真题错题 (2)给2020级的学弟学妹进行技能培训，参与策划和组织学院各项活动 (3)坚持每天撰写工作日报，为日后工作积累经验 (4)阅读5本专业类书籍并尝试撰写专业论文 (5)寒假期间进行至少为期20天的社会实践或实习兼职
	下	(1)保持本专业年级排名前10，获得奖学金 (2)准备英语六级和专业英语四级考试 (3)继续打磨教学细节，提高教学能力 (4)养成学术研究思维 (5)通过面试，到教育类培训机构进行实习，体验职场生活	(1)加强专业主干课程学习，多请教老师，认真完成各科论文和报告 (2)着重复习六级单词，完成2019—2020年的12套六级真题；每天背诵并复习25个专业英语四级单词，练习专业英语四级的阅读和语法题 (3)坚持每天撰写工作日报，为日后工作积累经验 (4)阅读5本专业类书籍，并尝试撰写专业论文 (5)暑假期间在教育类培训机构内进行至少为期20天的实习；实习期间，完成3个生涯人物访谈工作，撰写实习报告，梳理和总结工作收获

（续表）

<table>
<tr><th>年级</th><th>学期</th><th>目标</th><th>具体行动计划</th></tr>
<tr><td rowspan="2">大三</td><td>上</td><td>(1)顺利通过英语六级和英语专业四级水平考试
(2)备考英语专业八级水平考试
(3)准备考研
(4)备考教师资格证
(5)继续锻炼学术研究能力
(6)通过面试，到企业进行实习，体验职场生活</td><td>(1)复习英语六级和专业英语四级的词汇及以往做过的真题
(2)每天背诵25个专业英语八级单词，做专业英语八级习题，着重练习专业英语八级作文，初步了解专业英语八级考试信息
(3)查找各学校关于考研的信息和要求，确定考研学校(1～3个)和专业方向
(4)查找有关教师资格证的信息，确定报考教师资格证的类型
(5)至少阅读5本专业类书籍，并撰写学术论文，尝试投稿
(6)暑假期间在教育类培训机构内进行至少为期20天的实习；实习期间，完成3个生涯人物访谈工作，撰写实习报告，梳理和总结工作收获</td></tr>
<tr><td>下</td><td>(1)备考专八
(2)考国际汉语教师资格证
(3)准备考研
(4)争取发表一两篇论文
(5)准备剑桥雅思考试</td><td>(1)每天背诵25个专业英语八级单词，第一轮单词结束后进行总复习，根据专业英语八级题型进行针对练习
(2)完成国际汉语教师资格证报名和考试
(3)确定考研的学校和专业，根据其报考要求进行初步刷题
(4)阅读5本专业类书籍，并撰写论文，多渠道投稿
(5)复习剑桥雅思教材5～10，报考雅思冲刺班</td></tr>
<tr><td rowspan="2">大四</td><td>上</td><td>(1)雅思成绩7分以上
(2)考研进入关键期
(3)准备毕业论文
(4)通过英语专业英语八级考试
(5)开始准备进入对外汉语教育培训机构实习</td><td>(1)复习雅思单词和冲刺班学习内容，进行总复习，着重复习听说两部分，寒假期间进行考试
(2)持续刷考研题，做好总结和其他准备工作
(3)收集材料，和导师共同探讨，准备毕业论文开题和撰写
(4)报名参加专业英语八级考试
(5)收集国内对外汉语教育培训机构招聘信息，查找适合岗位，投递简历，争取实习机会</td></tr>
<tr><td>下</td><td>(1)考上研究生
(2)完成毕业论文和答辩
(3)通过面试，到企业进行实习，体验职场生活</td><td>(1)报考理想院校的研究生
(2)阅读5本专业类书籍，并撰写读书笔记，完成毕业论文，准备毕业答辩
(3)进行至少为期1个月的实习</td></tr>
</table>

行动计划表应该包含计划执行的时间、目标、具体行动计划。

通过该行动计划表，我们可以清晰地看出，这个同学紧密围绕成为“汉语国际教师”的职业目标，在本科就读阶段重点提升以下几个必要的岗位所需技能和素质：提升外语水平，保证未来有能力进行外语授课；提升授课能力，计划参加学校的相关培训和活动；提升演讲能力，计划参加语言类演出或活动；提升职场适应性，计划参加假期的社会实践；在专业技能认证方面，计划考取对外汉语教师证书和各类外语等级证书；在学术能力提升上，计划阅读专业书籍，撰写专业论文并尝试投稿；在学历提升上，计划考取研究生。

总体来说，她的未来职业规划书准备比较全面，如果能够认真执行，将有力推动她职业目标的实现。这份表格就是她长远目标下的一份中期目标的详细规划。在中期目标规划中，我们还可以建立更为细化的短期目标，设计出日计划、周计划、月计划，把一个学期的工作量分解一下，在执行的时候就会更为具体有效，具有更强的指导性和可行性。值得一提的是，设计短期目标和计划时，要进一步明确奖惩内容，要有完成情况记录，要用具体的小行动目标来明确告诉自己应该做什么，用“完成情况”来及时统计自己的任务是否达成，用“我的奖励/惩罚”来时刻鼓励自己坚持下去。月计划模板如表9-4所示。

表9-4　月计划模板

月目标	完成情况	我的奖励/惩罚

在制订行动计划时，我们要根据计划的完成情况及时总结、调整并完善，注意表格任务的弹性。还需要补充的是，如果任务没有按时完成，或者在完成的过程中遇到了挫折和失败，比如考研失败，没有顺利通过英语六级考试等，那么制订计划者还应该有备选方案来保证向着自己最终的目标的行动计划。

只要我们努力，在每一天的生活中有计划地做好每一件事，我们就会一步步实现自己的理想。

练习9-1

(1) 制定一个关于你职业生涯发展的长远目标。在构思你的目标时，要遵循目标设立的SMART原则。

(2) 要实现这个目标，你的职业定位是什么？请填写表9-5。

表9-5　你的职业定位分析

职业目标	
职业发展策略	
职业发展路径	

(3) 根据你的职业定位，请你设立一个月内的短期目标和具体的行动计划。

(4) 一个月后，你的目标是否实现了呢？请应用目标设立的指导原则进行解释。

(5) 经过这段时间的短期执行，你的计划还有什么调整？

第十章

制定与评估职业生涯规划

本章重点

- 如何制定职业生涯规划书
- 职业生涯规划书的评估与修订

案例导入

刚上大学时，于清就给自己定下了明确的目标：本科毕业后继续读研，出国或者保研。因此大学四年，他一直朝着这个目标不断努力。因为有了目标的指引，他的大学生活非常充实。作为外语专业的学生，大一刚刚接触一门新的语言，他的内心还是有一丝紧张的。在老师的耐心教导下，他逐渐对这门语言产生了浓厚的兴趣，每天花费至少两个小时进行这门语言的课后巩固。他也兼顾其他学科如英语、计算机、体育以及思想政治课程的学习，大一就高分通过了大学英语四级考试。大二的学习生活更加紧张，他每天6：30起床，泡图书馆、啃知识点、刷题，最终一次性通过了专业能力测试，并且以92.3分的成绩取得了英语专业四级考试年级第一的好成绩。大三时，他获得国家留学基金委员会公派留学的资格，赴国外进行11个月的交流学习。期间，他努力练习口语以及听力，尝试着多交流，克服了自己内心的胆怯和羞涩，一段时间后，他的口语和听力水平得到了显著提高，最终他以全优成绩完成了在国外大学所修的所有课程。大四时，他以专业第一名的成绩获得了研究生的推免资格，并成功保送到北京某高校外国语言文学专业。

第一节　职业生涯规划书的制定

综合前面章节的学习，我们已经对职业生涯规划有了大致的了解，通过测评分析了自己的兴趣、性格、技能和价值观，并且获得了适合自己的一组职业群；学会了探索职业世界的方法、决策方法和如何制订行动计划。在此基础上，制定一份职业生涯规划书，便完成了一次系统的职业生涯规划。制定职业生涯规划书是对自己的职业发展目标的选择、实施计划及行动方案的书面表达，是一次重新整合分析的过程。

一、制定职业生涯规划书的原则

(一) 独特性

每个人都各有特色，生涯发展也是独一无二的。不同的人可能会有相似的生涯历程，但是每个人的生涯发展都是独特的，因为人们在同一个角色中的表现不会完全相同。我们在制定职业生涯规划书时，不可能找到完全相同的路径，要综合考虑个体的实际情况量身定制。

(二) 阶段性

生涯发展理论告诉我们，每个阶段的职业目标都有特定的生涯发展任务。我们可以把职业目标分解为长期目标、中期目标和短期目标。围绕短期目标，明确现阶段的生涯发展任务，制定职业生涯规划书。

(三) 清晰性

职业生涯规划书越是清晰具体，越容易实现。职业生涯规划书的清晰性主要表现为以下几个方面：自我探索、职业世界探索的信息充足，条理清晰；运用适合的决策方法确定职业目标；制订的行动计划要具有可操作性和可持续性，明确时间底线。

(四) 发展性

职业生涯规划是一个动态的过程，无论是个体还是环境都在发生着变化。我们在制定职业生涯规划书时要充分考虑这些变化发展的因素，及时评估，灵活调整，不断修正自己的职业生涯规划。

二、职业生涯规划书的内容

一般说来，职业生涯规划书要包含以下内容。

(一) 封面

封面包含职业生涯规划书制定时间、主题、制定人基本情况等。

(二) 自我探索

职业生涯规划首先要清清楚楚地了解自己。只有正确、全面地了解自己，才能对未来的职业生涯做出有效的规划。我们在进行自我探索时，可以利用测评、自评、360度评估等方式，还可以与生涯咨询中心的老师进行一对一交流，弄清楚自己喜欢做什么，适合做什么，具备或者即将具备哪些能力，内心最看重的一些标准和原则是什么。自我探索的每个维度都可以得到一些适合的职业，对自己的特质进行综合分析后，初步筛选出一组适合的职业群。

(三) 职业世界探索

“知己”的同时“知彼”，方能理性决策。职业世界探索部分包括对自己所处环境的分析，如社会环境、学校环境、家庭环境等；还包括对职场环境的分析，如所在城市、行业发展情况、具体单位的信息等，对自我探索部分初步得出的职业群做进一步的了解，最有效的方式是去实习，次之是通过生涯人物访谈的形式来获取。职业世界的探索是一个比较漫长的过程，信息量大，也有一定的难度。对职业世界的探索可以提高一个人收集、整理、分析信息的能力，提高人际沟通、交往的能力。

(四) 决策，确立职业发展定位

通过对自我和客观环境的探索分析，综合考虑兴趣与职业、性格与职业、技能与职业、价值观与职业的匹配，即可初步确立个人的职业发展方向，如具体的行业、职业、职位、希望发展的高度等，并确立相应的职业发展路径。

(五) 制订行动计划

目标的实现离不开现实的行动。我们可以将职业目标从时间上分解为长期目标、中期目标和短期目标，从空间上分解为专业知识技能、可迁移技能和自我管理技能目标。一般采用SMART原则制订行动计划，即行动方案必须具体明确、可衡量、可实现但有挑战性、与目标相关、有时间底限，这样的行动计划才是有效的行动计划。

(六) 评估调整

职业生涯规划是一个动态的过程，个体和环境都会随着时间的推移而变化，因此要定期进行评估和调整。

第二节　职业生涯规划书的评估与修订

虽然我们运用各种方式开展了自我探索和职业世界探索，但随着我们自身的成长、社会的不断进步，还是会存在很多未知。生涯是向着未知去冒险，我们要全力以赴准备。因此，我们要随时关注自身和环境的变化，灵活调整计划。

职业生涯规划的评估和修订，即对大学生前一阶段的生涯发展情况进行总结分析，这样一方面可以通过成绩收获成长，提升自我效能感，增强自信心；另一方面可以通过问题汲取经验教训，进行自我修正，确保生涯发展不发生偏差。总之，职业生涯规划的评估和修订是大学生职业生涯规划的重要环节，可以使当下的行动始终朝向职业目标的方向集中能量，是职业生涯规划顺利实施的有效保障。

一、职业生涯规划书评估的方向

职业生涯规划书评估可以对照预期目标和实际结果来进行。评估的方法有很多，可以通过生涯九宫格、360度评估、成就事件、学期总结等，评估的方法和内容可以抓住以下几点。

(一) 抓重点

职业生涯规划的评估不需要面面俱到，每个阶段有不同的生涯发展任务，抓住这个阶段的重点发展目标进行评估，看看行动计划是否与这个目标一致，是否有效。

(二) 抓变化

总结自身的变化，哪些方面有提升、有进步，哪些方面有待改进；发现环境的变化，关注国家政策、发展趋势等，与时俱进，采取有效的策略应对变化。

(三) 抓突破

挑战与机遇并存，环境的变化也会给我们带来机会和突破。有时候一个点有突破性的进展会带来意想不到的改变。要善于总结分析，在上一个阶段的行动方案中对目标的达成是否也有突破性的影响？如何找到新的突破点？

(四) 抓短板

要不断总结发现个人的优势能力，在自己有天赋、有基础的能力方面多下功夫，让自己拥有一技之长，在擅长的领域做出成就。

二、职业生涯规划书修订的主要内容

在进行职业生涯规划的评估之后，就要根据评估的结果进行修订。修订的内容主要有以下几个方面。

(一) 修订职业目标

职业目标是综合自身和环境后产生的结果，最理想的职业目标是“高兴趣、高能力、高社会需求”。随着自身和社会环境的变化我们要不断调整目标，使职业目标更加符合实际情况。

(二) 修订生涯发展路线

当周围出现更适合自身发展的职业机会或选择，我们要认真考量，这个机会是否也可以实现我的人生目标和职业目标，如果适合，我们可以调整发展路线。

(三) 修订行动计划

围绕职业目标制订的行动计划，在经过一段时间的实施之后，是顺利完成，还是完成得很困难，抑或是没有完成？如果完成行动计划让你越来越焦虑，那么此时我们需要停下来，修订行动计划。当改变的痛苦远远大于保持现状的痛苦，人们就会产生焦虑情绪。因此，制订行动计划要强调“能完成、可持续”。

(四) 调整心理状态

罗马不是一日建成的，目标的实现也不是一蹴而就的。“生涯”是朝向未来去冒险，即使努力准备也不一定会成功，但是在这个努力的过程中我们的生涯宽度会增加，我们的生涯“彩虹”会更绚烂，所以，即使失败也问心无愧。

总之，职业生涯规划是一个动态的过程，大学生要不断反省及修正自己的职业目标、发展路线和行动计划，为下一个阶段的发展做出全力以赴的准备。

我的求职故事

我们精心挑选了10篇大连外国语大学2020届毕业生的求职故事，这些故事的主人公有的进入了大型企业就业，有的保送了研究生，有的申请了国外名校留学……他们每个人在大四的求职季都经历丰富，收获颇丰。我们在每个求职故事的后面都附上了老师的点评，希望通过毕业生的求职故事让大一新生认识到大学生职业生涯规划的重要性。

案例1：意大利语专业小原

转眼间，大学四年就要过去了，我也要跟我的学生时代告别了。

大一的时候，由于刚接触专业知识，所以我把更多的时间用在了学习专业上面。又因为刚入大学，对很多事情还不了解，所以我还没有明确的发展方向，考研、出国留学或者是直接就业这些对于当时的我来说好像有点远，也就没有做具体的规划。

大二的时候，我找了第一份实习工作，是在一个教育机构当辅导老师。我觉得教师这个职业很神圣，毕业后从事教育工作是一个不错的选择。刚实习的时候，我的心情既紧张又激动，因为那是我第一次真正意义上去做一份工作。我还记得去教育机构的前一天，自己设想了很多种自我介绍和上课时开场的方式，但真正等到向学生自我介绍时，只是简单的一两句。我的教学对象是小学五、六年级和初中一、二年级的学生，正是调皮的时候，有时做小动作，有时在座位上发呆。一开始，我也不知道怎么处理这个问题，就跟学生说如果他们还不听课，我就直接找校长，但是这种方式并不是长远之计。几节课过后，我们逐渐熟悉起来，他们的上课状态也好了很多。这次实习持续了一个假期，实习结束后，我认真进行了总结和思考。作为一名老师，能把知识传递给学生无疑是非常让人自豪的，自身需要具备的素质也很多，更需要足够的耐心和细心，但我更希望在一个竞争激烈的环境中锻炼自己，我觉得自己并不太适合从事教师工作。

通过这次实习，我认识到实习要趁早，尽早去接触自己感兴趣的行业，真正了解这份工作到底是怎样去做的，是否和自己想象的一样。早点尝试，不要害怕开始，20岁值得所有的重来，做自己想要做的事情，不合适了就推翻重新开始，没有人天生就知道自己应该做什么、适合做什么，去接触不同的领域才能选择出相对更适合自己的那一个。不要放假了就待在家里，要敢于尝试，才能看见新的世界。

大三的时候，同学们就开始进入了一种焦躁不安的气氛中，因为大部分人不知道自己未来要选择什么方向，到底是考研、就业还是出国留学，一下变得迷茫起来。我所学的专业是意大利语，一是因为该专业留学选择有限；二是因为我不想从事语言学或者文学等方面的工作。经过考虑后，我选择了更符合自己实际情况的职业道路——就业。

大三上学期，学校开设了就业指导课。这门课程的学习让我更加了解意大利语专业的就业形势以及未来的就业方向选择。我认识到了应该尽早关注各高校的就业信息，不要局限于自己学校的就业信息网。在明确了毕业的选择方向后，我想要增加实习经历，因为实习经验在求职中是非常重要的，这会对面试有着非常大的帮助。但我找实习的过程并不是一帆风顺的。我通过各类网站向自己感兴趣的工作投简历，但是由于实习时间和专业限制，多次与一些还不错的实习机会擦肩而过。在这个过程中，我发现了有些工作更看重个人的综合素质，因此我们在大学不能局限于学习自己的专业知识，还应该拓宽知识面和提高个人能力。最后我找到了一份我一直想去尝试的销售相关的工作。在正式实习前，我看了一些关于销售方面的书籍，但是理论和实践是不一样的，开始实习之后我才知道，我的工作内容除了销售外，还需要负责财务相关的一些工作。刚开始时，我不太熟悉财务工作的具体内容，但后来经过公司前辈的指导，我慢慢了解并且开始逐渐掌握了工作方法。在做财务工作的过程中，我最担心的问题就是项目出错，每个项目都要仔细核对几遍。在销售方面，我主要负责接收订单，做排单计划，在这个过程中重要的是如何与客户沟通，达成他们的要求。这次实习使我对销售这份工作有了更深入的了解，也认为自己比较适合这个职位，因为我喜欢和别人交流，也享受这个过程。

大四的秋季招聘是真正求职之路的开始。9月份和10月份是大四学生找工作的重要时期，因为好的公司都会在这个时候来各所高校招聘，好的就业机会也会非常多。但是也有很多公司会从暑假就开始在网上发布招聘通知，很多人在校招还没有正式开始就已经在网上递交简历，做好了准备，在求职中抢占先机。我在找工作时就有点过于依赖到校招聘，想着来自己学校招聘的肯定是对口公司，因此没有关注各大公司的网络招聘信息，这也是我在求职中相对遗憾的地方。

校园招聘正式开始之后，各大公司会来学校开宣讲会，主要是介绍公司的相关信息，解答学生关心的问题。我会去参加与自己专业相关或者不限专业的公司的宣讲会，这样，一方面可以进一步了解公司，了解到我们普遍关注的公司发展前景和福利待遇等情况；另一方面可以就自己关心的问题进行现场咨询。我认为去听公司宣讲会是很有必要的。

我还注意到有很多公司会有员工内推码，这样就可以直接进入面试，不用进行笔试环节，所以如果有毕业的学长学姐在那个公司工作的话就可以省事一些。

简历是面试的敲门砖，做好一份简历对于求职来说是非常重要的。一开始我的简历不经修改就投递到不同的公司，后来发现这样是在做无用功。简历投递要有针对性，要有选择性地对原有简历进行修改，不能拿一份简历应对所有公司。简历的模板也不能过于花哨，因为一个简单的模板更方便HR浏览。

提到面试，让我印象最深刻的就是无领导小组讨论这一个环节。在参加面试前，我在网上看了很多面试技巧，知道在无领导小组讨论中应该如何表现，但是在现场我还是有一些紧张。一个小组大概有10个人，面试官会给每个人分发一张材料和一张白纸，让我们在白纸上记录，然后给一些时间进行讨论和总结。由于第一次参加没有经验，我没有充分地表达自己的观点，也没有抓住发言的机会，这让我有一些遗憾。在经历了几次面试后，我有了经验，能够抓住机会充分表达观点，同时能够去倾听他人的想法。

我在求职的过程中不断碰壁，一些喜欢公司的录用通知没有拿到，但这个过程很重要。我觉得实习和面试是了解就业单位、提升就业能力非常好的两个途径，希望大家利用好大学时光，早做准备。

老师点评：

小原同学的求职故事会给正在迷茫的你带来很多经验，很有参考价值。

“不虚当下，不惧未来”——像绝大多数大一新生一样，小原在大一时也没有规划，没有明确的发展方向，但小原没有虚度当下，而是把时间用在了学习上。大学最重要的就是系统化学习一门专业知识，为将来的职业发展做好知识储备。

“认识自己，认识现实，唯有行动”——大二的实习是小原探索职业世界迈出的重要一步。如果想要了解工作世界最真实的信息，实习是最有效的途径。实习还可以检验我们的梦想和感受——“只有自己亲自去试一试，才知道河水既不像老牛说的那样浅，也不像松鼠说的那样深”。小原通过实习发现自己并不适合教师工作，更喜欢竞争激烈的环境，所以在她大三实习时选择了销售相关的岗位。通过这次实习，她不仅对销售工作有了深入的了解，也发现了自己的潜力和不足。

“知己知彼，才能理性决策”——很多同学因为目标不清，在大三面临各种毕业去向的抉择时自然就开始“焦躁不安”，无法抉择。但小原有了前期的准备，既清楚地了解了自己，又明白了工作所需要具备的条件和要求，所以理性选择直接就业并确立了目标职业，这也正是帕森斯“特质—因素论”的职业辅导步骤。

“在探索中成长，在成长中改变”——“没有人天生就知道自己应该做什么，适合做什么，去接触不同的领域才能选择出相对更适合自己的那一个！”小原的这句话是实习之后的感慨，对你是否有启发呢？亲爱的同学们，我们是自己生活的“作者”，美好的生活蓝图要靠自己规划。这个世界唯一不变的就是“变”，规划才能更好地应对变化。开始探索的脚步吧！

案例2：日语专业小雅

我在大四的时候被某日本一家企业的大连事务处理中心录用。

记得刚上大一的时候，学校就举办过职业生涯规划大赛。虽然当时我比较认真地想了想以后究竟能做什么，但并没有真正做出细致的规划。一是因为对自身兴趣的迷茫；二是觉得“职业生涯”这个词离大一的自己还很遥远。然而直到大三下半学期的时候，我才第一次认识到：我可能要准备走向社会了。在经历了相当长一段时间的迷茫期之后，我听从老师、家长和朋友的意见，做了一个大致的规划。

摆在我面前的大概有三条路：考研、就业、留学。当时的我对考研非常抗拒，于是就在就业和留学中反复纠结。身为一个日语专业的学生，我手里竟然一个日语能力测试的证书都没有，只有一个专业四级证书，我觉得自己在与语言有关的企业岗位上丝毫没有优势；而其他面向本科生招聘的客户经理、产品经理等岗位我丝毫不感兴趣，就业这条路似乎也不好走。我有些恋家，留学这条路也不可行。

当我发现三条路好像都走不通的时候，我慌了，甚至一度陷入了自我怀疑和否定，觉得自己是不是一无是处。后来在一次和老师的谈话中，她说道：“你们现在啊，总想找工资高、待遇好，还不用加班的好工作，一个本科刚毕业的孩子凭什么让企业给你们高工资、高待遇呢？”我突然意识到，这不就是我内心的真实写照吗，三条路哪条都嫌苦、嫌累，自己想要好的工作，却又没有与之相配的实力。后来妈妈也说：“你不想考研，也不想出国，那就踏踏实实找个活儿干。你怎么也是个大学生，什么活儿不能干？你才21岁，干什么都来得及，起点就没必要定得太高。”老师和家长的话，让我缓解了焦虑，认清了自己，逐渐踏实下来。

大三下学期，我参加了中国银行的实习面试，这是我第一次参加真正的求职面试，既紧张又刺激。面试环节分为群面和个人面试两个部分。群面采取的是无领导小组讨论的形式，内容是：“5G生活已经向我们走来，以下7项内容是5G可以给我们带来的变化，请你首先在2分钟内排除掉两项，将剩下的5项内容进行排序。每人1分钟的时间向面试官和组员介绍你的排序及理由。随后进行5分钟的小组讨论，最后得出一个结论并由一名同学向面试官阐述讨论结果及理由。”这7项内容涉及手机网速、远程医疗、智慧城市、高铁高速网络、高速物联网等各种领域。我对5G的认识仅限于了解5G基站搭建之后，网速能快到一个怎样的程度，但对5G在其他领域的应用一无所知，对一些名词也完全不了解。所以当我看到这满满一页纸的题目之后，有将近半分钟时间是懵的。等我镇定下来，时间已经所剩无几。我也没有完全想好到底按照什么顺序来排列，就模模糊糊写了个大概。刚写完时间就到了，随后进入依次发言阶段。由于我还没有完全理清思路，就没有抢先发言。在记录组员顺序的同时，我开始冷静下来，慢慢理清自己的思路。之后的小组讨论环节，大家的表现都很出色，组长和计时员很快就有人担任。我只是大概知道这个环节的目的和流程，所以在整个过程中尽可能条理清晰地表达自己的观点，倾听记录大家的想法，并快速找到一个相对适合自己的“位置”，积极推动整个流程的进行。当时的我只知道自己要在合适的时间场合，尽可能逻辑清晰地多发言，让面试官对我的印象深刻一点。在个人面试环节，我表现很好，成功成为这次中国银行招收的暑期实习生。这场无领导小组讨论让我认识到自己的知识面有多窄，要在以后的学习中努力学习各方面知识。

实习使我对银行和金融业都有了更深的了解，也明确了如果以后进入银行工作的话，什么样的岗位比较适合自己。但我也发现自己对银行的工作，可以接受但算不上喜欢。

在大四的一次校内招聘会上，我对一家日本企业的名字很感兴趣，就详细看了看他们的易拉宝，招聘岗位有财务/结构设计、开发方案设计……这些工科的职位吓得我差点转头就走。这时，企业的一位招聘人员走了出来，看到我对该企业感兴趣，就跟我简单介绍了情况。这家企业以招聘日语专业毕业生为主，后期会安排相关的培训。我提交了简历之后，第二天上午就接到了面试通知。第一轮进行的是笔试，一张计算、一张几何卷子，全是数学；第二轮进行的是一对一面试，我抽到最后一个，在办公区看着同伴们一个一个进去，又一个一个出来，本来不紧张的我，手心越来越凉，心里也越来越慌，终于轮到我的时候，我竟然突然不慌了，十分淡定地回答完面试官的提问。没过多久，我就接到了面试通知，可以去签就业协议了。综合了自己对该企业的了解和自身的情况，我最终选择了这家充满未知和挑战的日企。

整个求职过程给我带来了很多体会和成长，我总结出以下几条经验。

第一，走过大学四年，我才认识到大一时的职业生涯规划的意义所在。虽然我现在也不认为人必须在什么时候都要有一个非常清晰的职业生涯规划，但是最好隔一段时间就给自己做一个大致甚至模糊的规划，有一个目标。因为这样可以告诉自己：如果想要达到那个目标，最好做出相应的努力，准备好下一步要做什么，不然遇到机会会措手不及。

第二，眼高手低或许是一部分应届毕业生的必然表现吧。经历了实习和求职的过程，我才对自己有一个相对客观真实的认识。在此之前，我不是高看自己就是小瞧自己，总是没有一个清晰的认知。

第三，认真对待每一场面试，它能给自己带来不同的收获。前期认真准备了面试，就算面试题目“超纲”了也不用慌，归根结底都是在测试自己的能力。你以为不适合自己的，也许会带给你惊喜，要在真正了解过之后才能做出准确的判断。

第四，“尽人事，听天命”是我最喜欢的一句话。前期努力准备，后期“佛系”一些，顺其自然，在求职期间，我一直这样做自我心理调节。

以上就是我的就职故事，希望能对大家有一点帮助。

老师点评：

小雅的经历在大学里是比较常见的。前三年目标不清，到大四的时候匆忙上阵，这时候才意识到从大一开始做职业生涯规划的重要性。

“规划从清晰的自我认知开始”——小雅大一的时候对自身的兴趣很迷茫，大三意识到时，却要开始就业了，想找一条“最适合自己的路”，但什么又是适合自己的呢？自己适合什么样的路呢？能够证明自己能力的证书也有限。在职业生涯规划中，首先要做的就是要了解真实的自己：自己的兴趣爱好、性格特点、具备哪些能力，还要了解自己在选择职业时内心在意的因素。手机软件、各类网站都能找到相应的测评，很多高校都设有生涯咨询中心，大学生可以请咨询中心的老师协助分析自己的特质，通过探索自我，找到一组适合自己的职业群。

“野心需要能力来支撑”——决定我们职业生涯成功与否的核心要素就是能力，在生涯规划中这些能力主要指通过后天学习和练习获得的能力。小雅在即将就业的时候发现，自己除了日语专业四级证书，再没有其他的专业证书，所以才觉得寻求与语言有关的企业岗位不占优势。虽然有了证书不一定能证明你就具备与之匹配的能力，但可以体现你一定的专业水平，即“专业知识技能”，所以企业首先会看求职者是否具有与其要求相匹配的证书。其次，小雅在面试中还经历了无领导小组讨论，这种面试一方面考察求职者的组织协调能力、口头表达能力、辩论的说服能力等，这类能力通常用动词来表示，考察的是熟练程度，称为“可迁移技能”；另一方面，通过无领导小组讨论，企业领导能观测到求职者的自信程度、进取程度、情绪稳定性、反应灵活性等，这些其实也是能力的一种，称为“自我管理技能”。所以莫言说：“当你的才华还撑不起你的野心的时候，你就应该静下心来学习；当你的能力还驾驭不了你的目标时，就应该沉下心来历练。”

案例3：俄语专业小宋

从大一开始，一届届的毕业生都会和我们分享他们的大学生活，其中最重要的一部分便是自己的求职经历。每一次听取前辈的经验，我总是心潮澎湃，摩拳擦掌，心里想着我以后也要像他们一样有所施展，但也怀疑当那样的机会来到我面前时，我是否有能力抓住。

这种矛盾的心理在大三时达到了顶峰，当时我还在莫斯科做交换生。课后，我会浏览国内的就业资讯。看经典案例时，我常常震撼于别人的简历之“高端”——丰富且含金量高，和“别人家的孩子”一比，虽然我也有许多值得骄傲的经历，但仍失色不少。所以在那段时间，我侧重研究面试经验和技巧。等到大三暑假，我想通了一个道理：如今这个时代，不缺什么经验和技巧，这些经验和技巧在网络中一搜索就出现几十页，而我们搜索到的经验大多是别人的，也就是说我们不能生搬硬套。简单粗暴的“拿来主义”行不通，阅人无数的面试官一眼就会看出你的实际水平。

求职的起点是自我认知。我们要学会先认识自己，然后去认识世界。那如何自我认知呢？很简单，问自己两个问题：第一个问题，自己想干什么？这是叩问自己的梦想，去探寻自己最原始的追求。我们不能一开始就被现实击败，我们一定要有理想，“上天揽月，下海捉鳖”你都可以想。有的人性格很害羞，但就是喜欢别人侃侃而谈的样子；有的人开朗外向，却喜欢安静稳定的生活。这些内心的原始呐喊很大程度上决定了你未来的职业选择。第二个问题：自己能干什么？具体地分析自己的技能：我到底有什么本事？有什么特长？具体适合干什么？自我认知非常关键，我们要对自己有一个清醒的认识，既不妄自菲薄，也不自高自大。只有这样，你才能踏上比较顺畅的求职路。

早在大二我就确立了自己的目标，毕业后不考研，直接就业。于是，我回国后就紧锣密鼓地准备简历、自我介绍等，也去听了一些企业的宣讲会。在宣讲会上，我们能了解到公司背景、近期发展、工作环境和职业晋升空间等，面试官也会现场解答问题。建议大家早点去企业宣讲会，坐前排，记下来有价值的信息，问一些有价值的问题，给面试官留下印象。

在面试环节，我想强调的是无领导小组讨论(即群面)，这是所有面试环节最残酷、最现实的一关。我参加的那次无领导小组讨论成员共10人，分两边坐，一队5人，共两轮。第一轮的面试官有3位，主面试官要求每人做一分钟的自我介绍，并回答一个问题(我们组的问题是说一件印象深刻的事)。关于自我介绍，一般是自己来自哪里、专业、优缺点。自我介绍中的优点要有竞争力，并且加上证明事例；缺点要寻常、无关痛痒，不能致命(我说自己在大型活动中会紧张，但是准备充分会好很多)。自我介绍一定要花心思琢磨，要突出自己的实力和特点。关于印象深刻的事，我讲的是夏令营带团期间如何让外国朋友爱上汉语，爱上中国。这个事件一方面体现出我的俄语水平，另一方面强调我办事认真负责。建议大家在说事例时不要夸大，否则很容易被面试官识破并追问，一旦回答不上，那面试就宣告失败了。每个人都讲完后，三位面试官会提问。回答问题的人是面试官随机抽选的，比如一位同学说自己的优点是细心、记忆力好，那面试官就会问他，场上另一位同学刚才提到的自己的优缺点都是什么；一位同学说自己对数字敏感，面试官就会问某个同学是第几个进行自我介绍的。所以，别人发言的时候，我们一定要认真听，并且进行速记。面试结束后所有纸张都要留下来，也就是说面试官会参考你的笔记进行打分，因此，我们要善于利用符号，不要写得一团糟，以“符号+关键词”的形式记录，直观且迅速。第二轮进行的是话题讨论。我们组的主题是“中美贸易战对我们生活的影响”。两个组的话题是相同的，但是要求讨论的角度不一样。几分钟思考后，我们组开始了讨论，一位同学提出由他来计时，我瞟了一眼，发现他戴的是石英表，只有刻度，不利于组员控制时间，我下意识地提出请计时同学用手机来计时，并在纸上分配了发言时间和总结时间。大家看我很靠谱，就都同意了。讨论刚开始，我们各自提出了看法和理由，我不断提醒大家发言时间，并记录要点，在谈论结束后我做了总结发言。也就是说，在这场无领导小组讨论中我同时充当了领导者和总结者。无领导小组讨论就像平时工作会议的模拟，考察的是思维逻辑、沟通交流能力等综合素质，为了在这一环节增加胜算，最好每个角色都要尝试，因为你不确定你面试的时候要面对什么样的队友。大四刚开学的时候，辅导员老师就组织我们模拟过无领导小组讨论，我自己和同学在宿舍也多次练习，所以对讨论流程很熟悉，而这些训练是非常必要的。

有些同学虽然非常优秀，但是疏于准备，或者语言表达能力不好，不一定能在面试中拿到期待的成绩。我们要有信心，在校园招聘的时候把握住“超车点”，发挥出自己的优势。

老师点评：

小宋同学的求职故事要从一年级聆听前辈的求职经历讲起。与其他同学一样，听了一届届优秀毕业生的求职故事，小宋同学受到了鼓励，但他也怀疑自己是否有这样的能力。

“世界上没有两片相同的叶子，每个人的成长轨迹也各不相同。职业规划，就是要找到属于自己的发展路径”——三年级在国外留学的小宋感受到了就业压力，开始通过互联网收集国内的就业信息，以及面试经验。三年级暑假，小宋同学忽然明白——“我们搜索到的经验大多是别人的，也就是说我们不能生搬硬套。”所谓“鞋子合不合适，只有脚知道”。真实的工作世界，不一定是前辈口中的样子，也不一定是互联网描绘的样子，更不一定是我们脑海中的样子。

“知人者智，自知者明”——求职第一步要做什么？很多同学因为不知道如何下手，而不下手。每个人的求职起点不尽相同，或许你可以试试从了解真实的自己开始。网络上的“经典案例”、面试技巧、实习经历、模板简历，都不能帮你了解真实的自己。试着与自己对话：我的技能有哪些？专业水平如何？我更喜欢跟人打交道的工作，还是更喜欢跟事物或数据打交道的工作？我的性格适合外向型工作还是内向型工作？未来5年，我希望过上什么样的生活？终其一生，我希望生活是什么样子的？

“纸上得来终觉浅，绝知此事要躬行”——了解真实的自己与了解真实的社会，对于求职的你来说，是同样重要的，更是求职的第一步。坐等焦虑，不如行动起来了解世界，即使失败了，也不过是积累了一次有意义的实践经验。

案例4：阿拉伯语专业小海

据教育部数据统计，2019年考研报考人数达到290万人，较2018年的238万人，激增了52万人，增幅达到21.8%，成为近十余年增幅最大的一年。考研仿佛不仅仅是一种求学的途径，也成为了一股潮流，甚至在我刚刚上大学时，我家人就对我说过：要考研！

大一的时候，初次接触阿拉伯语，那种学习着一个小语种学科的心情，是无比的新奇与激动。在那时，我听闻许多优秀的学长学姐考研、保研的故事，加上身边老师和同学们的鼓励，更是坚定了我考研的决心。当时阿拉伯语专业王教授也曾经在课上对我们说过：阿拉伯语这个学科，仅仅学4年是完全不够的，如果想要将阿拉伯语学好、学精，是一定要攻读研究生的。

然而，我至今仍记得一句话——对于一般人来说，考研的战线是不宜拉得过长的。一方面是因为作为初入大学的我们，心理素质和承受能力都是十分有限的，也许一个小小的挫折就会将我们击倒，会产生自我怀疑。随之，心理防线逐步瓦解。另一方面，我的耐心和韧性不足。所以，考研这件事就渐渐变成一个遥远的目标。毕竟，对于一个初入大学的我来说，课外活动、学生会工作、期中考试、期末考试、奖学金等，是当下比考研要重要得多的事。

大二以后，我开始担任系学生会新闻部部长。当时新闻部就在持续做院系官方微信公众号中的“怀瑾握瑜·善美意阿”栏目，我也因此结识了很多优秀的学长学姐，聆听了他们的考研故事。阿拉伯语专业的学生学习生活十分充实，所以我当时一心就是学好专业课、考好专四、做好新闻部的工作。大二上学期和大二下学期可以说是两个不太一样的阶段。大二下学期，我决定竞选学生会主席团成员，开始接触更多的学生会工作。

大三开始，我担任学生会副主席兼秘书长，同时担任班级团支书、辅导员办公室助理、新生班导生，可以说是忙到飞起。大三阶段，其实我面临的就是就业与考研的问题。选择就业的同学可能早早就开始注意各种求职信息、联系实习单位、学习求职技巧等等；选择继续深造的同学就要思考想要报考的方向，比如想要考什么专业、什么学校等，再根据自己的大概选择方向有计划地收集各种信息和资料，有计划地复习。

在大三的“十一”假期前后，我开始注意身边学长学姐们考研的信息，也开始思考自己适合的方向。一开始我计划报考的方向是阿拉伯语口译专硕。因此，一直以来按照专硕的方向收集各个方面的资料和信息，但是这种想法在大三暑假发生了转变。(所以说确定目标一定要三思)。因为我又有了读博的想法，所以阿拉伯语口译专硕这个选项最终就被排除了。

我确定报考上海外国语大学的阿拉伯语语言文学专业，但上外的考试时间一直不确定，所以最后因时间的冲突，也没有办法再去别的学校参加面试，最后只参加了上外和本校的考试。

上外的考试分为笔试和面试。上午考笔试，题型与阿拉伯语专业四级差不多，题量略小，考的内容也基本都是比较基础的知识或者是语法。语法点也是按照专业四级题型，以选择题的方式考的。考完笔试之后有一场政审，需要提交事先在上外官网打印好并且填写好的政审表格。老师会根据表格进行提问，相当于是一场中文面试。中午短暂的休息过后，下午就是重头戏——面试。面试的考官是上外的几位老师，以“多对一”的形式进行。首先老师会给一篇材料，指定段落进行朗读，然后会根据这个材料问一些小问题，每个老师还会根据专业方向进行额外的提问。遗憾的是，我没有被上外录取。

大四“十一”假期之后，我又参加了本校的推免考试。因为我参加的已经是大外的第二场推免面试，所以考试的人数也不是很多，阿拉伯语只有我一个人。考试地点就在我熟悉的七教，教授们是主考官，还有其他的教研室老师监考。考试内容也是朗读一篇材料，从头读到尾，然后教授们会提问一些问题。到今天，我依然记得推免名额公示的那一刻的激动心情。尽管相比其他考研的同学，我付出的努力实在微不足道，但从大一开始，我一直坚持不懈地朝着考研的方向努力，我也始终相信付出总有回报，也许会迟到，但一定不会缺席！

老师点评：

“天空没有鸟儿的痕迹，但我已飞过。”——很多同学的家人同小海同学的家人一样，认为学生在大学的目标只有考研。诚然，对于很多家长，读小学时候给孩子设置了读初中的目标，读初中时候要选好考哪个高中，而读高中时候考大学就是目标，定式思维加之对大学生涯的不明确，会出现直接给孩子指定“考研”路的现象。

其实对大学生来说，你有就业、考研、考公务员、出国留学以及创业等很多选择呀！或许你会问，哪条路是最好的呢？适合你的才是最好的！人生中任何一次选择，都是取舍，世界上也根本没有“完美”的选项。对你来说，毕业后的5年，你希望过上什么样的生活？对你来说，这辈子过上什么样的生活你就会觉得“人生无憾”？这些就是你选择时的参考。当然，随着你的阅历增加，眼界开阔，你会根据自己的实际情况调整你的目标，选择更加适合你的方向。毕竟体验过专业课才知道自己是否适合考研、读研，体验过职场环境才知道自己是否接受“截止时间”“工作绩效”，体验过海外留学的文化才知道自己是否适应外派工作……希望你能尽快找寻到适合自己的方向，并开始行动。只有行动过，你才会知道这个选项是否适合自己。

“平衡是一种生涯成熟的表现！”——大二和大三时，小海同学担任了学生会的干部，用她自己的话说：“大三开始担任学生会副主席兼秘书长，同时担任班级团支书、辅导员办公室助理、新生班导生，可以说是忙到飞起。”

斜杠青年——拥有多重职业和身份的多元生活的人群——今后或现在的你正是其中一员。面对多重角色带来的多重任务，在大学里学会平衡生活，学会“时间—任务”管理，就显得非常重要：哪些是你的核心任务？哪些是你的普通任务？而哪些是业余活动呢？所以对你来说，当学生干部的工作量增加时，你是准备压缩学习时间去完成，还是准备缩减看剧的时间去完成？

对小海同学来说，考研是重要而非紧急类任务，是一项需要长期坚持完成的目标。因此，小海同学在完成好当下学业任务、学生工作任务后，仍坚持不懈地朝着考研的方向努力。同时，因为学生工作为她提供接触优秀前辈的机会，一方面帮助她快速获得有效经验，另一方面无意中为获得推免资格助添一臂之力。

社会不同行业需要形形色色的人才，时代对于“人才”的定义愈加多元。学习成绩固然重要，但绝对不是唯一重要的事情，复合型人才越来越受到社会的重视。所以，你准备通过什么样的方式将自己打造为复合型人才呢？

“念念不忘，必有回响”——所有的努力都不会白费，它会在某个时刻回报于你。人可以接受努力之后的失败，但接受不了“我本可以”的遗憾。前路即使风雨密布，认清方向，便风雨兼程。

案例5：意大利语专业小刘

大四那年(2019年)的3月份我决定考研，之所以选择考研是因为我从小便对警察这个职业充满向往，无奈高考时因为体检不过关上不了警校，在大三下学期开学时，我决定报考中国刑事警察学院并开始了相关专业课的学习。因为警校是男女单独招生的，警校的研究生考试对女生来说还是很困难的，因此我时常利用课余时间去图书馆自学相关课程。

2019年5月份，我的计划发生了一点改变，我了解到双一流院校的研究生考试有少数民族骨干计划。我的民族是侗族，我可以通过这个专项计划得到很大的划线优势，所以我最终决定报考中国人民公安大学，并在第一时间购买、学习相关专业书籍。

为了能够更有规划、更有步骤地进行专业课的背诵和复习，我在暑假报了一个考研专业课补习班，2019年7月我前往北京进行封闭式学习。我每天刻苦学习，早起晚睡，科学制订复习计划，调整备考心态。由于我选择了跨考，考研难度很大，对于大量需要背诵的专业课知识，我并不局限于死记硬背，而是刻苦钻研，认真领会其主旨内涵。期间我一度很崩溃，每天都有背不完的名词解释、简答和论述；每当小测试时我的试卷总是写不完整，3个小时的答题时间，我写了1小时就不知道写什么了；第一次一个人在一个陌生的城市、和一群陌生的人待在一起几十天，和身边的同学对比我的进度好像落了一大截，那种孤独无助的感觉让我终于挺不住了，某一天我坐在楼梯拐角哭了一下午。但是擦干眼泪，我还是要继续向前走，即使崩溃到眼泪停不下来，也要抱着专业课一边背书一边哭，这也算是一种挺新奇的经历了。我就想着，不管怎么样，复习那么久我不能轻易放弃，无论结果如何，我都要坚持到底。这是考研教会我的最宝贵的品质。

在2019年8月末，我依照学校的安排在北京卓越优成教育研究院找了一份实习工作。通过参加社会实践，我更加明白社会实践是引导我们学生走出校门、走向社会、接触社会、了解社会、投身社会的良好形式。我感受到了学校和社会的距离。在学校，只有学习的氛围，毕竟学校是学习的场所，每一个学生都在为取得更好的成绩而努力。在社会，每个人都会为了获得更多而努力，无论是学习还是工作，都存在着竞争。在竞争中，我们就要不断学习别人更强的地方，也要不断学习别人怎么做人，从而提高自己的能力。毕竟，我们终将踏入社会，成为社会中的一员，要与社会交流，为社会做贡献，只懂得“纸上谈兵”是远远不够的。

2019年9月，距离考研只有120天。开学过后，我考虑最多的就是怎么协调时间，而且身边的同学都慢慢地找到了工作，时间在一天一天地流逝，我也越来越焦虑，总感觉自己什么都不会。但是我发现貌似大家都是这样的，所以虽然有时会感到焦虑，但总体上还是张弛有度。有时候专业课怎么都背不下去，就换换节奏，听一听网课，实在不行就下楼走走，在明阳湖边上吹吹风，看看非洲雁，然后回去继续背书。在考研那两天，我感受最深的就是两天跑三个不同考点的疲惫和晕车了。

当然，考研教会了我很多，比如以下几项。

(1) 凡事贵在坚持，不能轻易放弃。考试前，我觉得自己什么都不会，什么都没背，但在考场上我还是把试卷写满了。

(2) 学习方法比学习时间长短更重要。我总是拿时间长短来衡量学习效果，真是大错误。我的考研全程学习时间为2000小时，许多时候做的是无用功。刚开始时，我没有学习计划，学习没有条理，不会做笔记，直到最后几个月我才知道要怎么做笔记(看真题，抓重点，自己总结理解，整合到一个笔记本上)。资料不是越多越好，“精”才是根本。

复习过的知识点要立即记住，有用的信息马上看，不要收藏保存(因为后来你根本就不会看)。

坚持每月自测，后期每周自测，甚至考前模拟考场(和高考的月考一样)，学过的知识自己出张卷子，看看自己到底学没学会。6月份就可以开始自测，一定要写出答案，不要盯着看！不能觉得这题我会了，不用写答案了。前期测试阶段性成果，后期综合测试，考前一个月拿出两天按真实考场模拟测试，然后自己批改，查漏补缺。

(3) 英语别信所谓的技巧。打基础是关键，某些老师口诀并不好用，讲得天花乱坠的技巧，你自己做题压根用不上，还是扎扎实实打基础吧！

(4) 不能轻视政治。英语总分是一百分，政治总分也是一百分，所以不要厚此薄彼。政治不要复习太晚，听完课，做笔记，当时就要背下来，不要只是看看就算了，要找重点记忆，要不然你在后期复习会很累。前期工作做好，后期才能轻松。

(5) 别以为文科专业课容易复习。我的两门专业课全是文字，刚开始我以为简单背背就行了，但后期复习时全忘了，所以在前期要记忆准确、全面，一定画框架理解着背，理解就是能用自己的话说出来。另外，文科专业课要早早进行，这一点很重要。

(6) 今日事，今日毕。惰性是人的本性，别把对知识点的复习拖到考前，因为在考前你根本无法复习零乱的知识点。

老师点评：

“既然选择了远方，便只顾风雨兼程。”——有的人向往高校，立志做教师，选择了考研、读研；有的人希望就读于自己喜欢的专业，未来在喜欢的领域工作，而选择了跨专业考研。考研只是一个手段，为什么考研才是目标。考研更不可能适合每一个人，案例中的小刘同学怀揣警察梦想，在三年级时选择为成为一名警察而报考研究生。如果你也有考研的打算，请先跟自己明确为了什么岗位，为了何种生活而去考研，采访一下身边每位走上考场的考研前辈，跟着他们感受一个月的备考时光，你就会知道你自己要不要选择这条路。毕竟“去图书馆”不等同于“专心学习”，有可能是“玩手机”。

“如果你的天空下起雨，那么祝贺你，因为你就要看到彩虹。”——确定了目标，小刘同学就开始准备资料，报名考研班，收集专业和院校信息。在案例中，你会发现，一开始小刘同学决定报考的是中国刑事警察学院，但通过收集资料，小刘同学发现了对自己更有优势的学院和项目，最终选择了报考中国人民公安大学。

这个时代永远不缺信息，因为没有收集到足够的信息而错失机会，甚为可惜。对于职业生涯来说，足够的真实信息会帮助我们做出更加合理的选择，“抬头看路”比“只顾埋头拉车”更加重要。

做出选择后，小刘同学真实地写出了自己备战考研的历程与感受。如果你觉得现在走的路很难，那说明你在走上坡路，人生总会有坎坷和挫折，“一帆风顺”只不过是美好的祝愿。成功的路上，必然有孤独的时光，而这就是积累蓄能的时刻，是厚积薄发的前奏，是雨过天晴的前夕。

“逆风的方向更适合飞翔。我不怕千万人阻挡，只怕自己投降。”迷茫、焦虑、压力、失落……这些“关键词”经常出现在考研同学的心路历程中。特别是有的同学发现经过长时间复习，成绩未如愿提高，“崩溃”甚至“想放弃”的念头猝然迸发。考研固然需要百分千分的努力，也需随时反思自身的问题，并调整下一阶段的方法，从而不断进步。“滴水穿石非一日之功”，成绩并不是这周学习了，下周就能提高5分。成绩的波动、心态的变化都是正常的，遇到困难学会解决困难，遇到挑战就要学会迎接挑战。所以，在追寻梦想路上遇到困难的你，会如何处理呢?

案例6：阿拉伯语专业小李

职业生涯规划是大事，我们早该想好大学毕业后自己的人生方向，是在学术上追求更高的层次，还是毕业后早日走向社会，成为一名“社会人”？这是很早就要考虑的，如今作为一名大四即将毕业的学生，简单分享一下我的个人求职故事。

1. 尽早树立择业目标

我的专业是阿拉伯语，从我进入大学的那一刻开始，我就决定以后一定要用阿拉伯语工作，这是推动我前进的一份动力。我调查了阿拉伯语的工作前景，例如从学长学姐那里了解到他们的就业信息，从网上查询阿拉伯语的使用范围，通俗地讲，就是分析我能用阿拉伯语干什么。

起初我以为学了阿拉伯语只能做翻译，但随着自己阅历的增加、眼界的开阔，我渐渐明白语言只是一项技能。“心有多大，舞台就有多大”，既然我一开始就立下毕业就工作的目标，现在我就要为自己将来能够得到一个好的职位而不断努力。从大一开始，我就决定要争取出国留学的名额，最好是公费留学。“功夫不负有心人”，在大三时，我获得了国家留学基金委员会“优秀本科生”项目的公派留学资格，在埃及留学8个月。在此期间，我的专业能力得到了极大地提升，开阔了眼界，同时出国的经历也让我在求职的道路上比别人有更多的资本。因为很多岗位需要外派，公司会考虑你有没有出国经历，能不能适应长期驻外。我个人的志向是走遍世界，至少走遍阿拉伯世界，这也符合我当初的想法。所以说，合适的目标才是所有动力的源泉。

我们意阿语系(现亚非语言学院——编者注)有丰富的教学资源和多个留学项目，学院一路走来，老师付出了很多努力。我认为，既然学了阿拉伯语，就要用它去选择工作。当然我自己也曾犹豫要不要考研，要不要拼一拼？但是由于我大三期间在国外，没有国内考研的快节奏、按部就班的学习环境，再加上我对钻研学术没有很大的兴趣，考北外、上外都是很困难的，那倒不如不考。我想尽早进入社会，自己赚钱，不用让父母那么辛苦。

2. 多参加实习

实习经历很重要，在很大程度上决定了我的职业方向。大三的暑假，我在江苏徐州的徐工进出口有限公司实习近一个月。这有助于加深我对自己专业的了解，同时发现了自己的短板——缺少活动经验。而在工作中，语言只是一个工具。在当今竞争如此激烈的社会背景下，单凭一项技能是很难让面试官满意的，例如我应聘的岗位是国际市场营销管培生，那么我的阿拉伯语能力只是能够发挥于我与外国人交流这个环节，我还应该掌握国际市场营销知识，知道什么是国际贸易，了解基本的国际贸易流程，而这些内容我并不了解。此时，我才意识到自己还有很多东西要学，很多事情要做。这次实习让我明白了很多事情，也明白了很多道理。

3. 多参加面试

接下来就到了大四的秋招了。我几乎没错过任何一场面试，我想从每一次面试中吸取经验，让自己在面试时更加游刃有余，表现更加自然。我个人认为面试是一门技巧，是可以被训练出来的，如怎样预防和降低求职前过度恐惧心理。我总结了几点消除恐惧的方法。

(1) 面试前，适当提高自己的服装档次。穿着整洁大方，与对方建立起平等关系，就不容易露怯。要是你穿得太随便，一看到对方西装革履，就会信心不足。

(2) 大声说出自己的紧张。当面对众人或陌生人感到紧张时，不妨干脆说出自己的感受。自嘲可以缓解紧张的情绪，使自己轻松。

(3) 发现对方的弱点，减轻心理压力。如果你在心理上有压力，面试时不妨仔细观察对方的仪容、服装以及谈吐等，借以发现对方的缺点。这时就会产生一种放松感，不自觉地增加了勇气，这样就自如多了。

(4) 深呼吸。在步入面试房间大门之前，认真做几次深呼吸，心情肯定会平静很多，勇气倍增。和陌生人第一次会面，特别是在关系到应聘成败的面试时，心理胆怯、情绪紧张是正常的，学会放松，调整自己的情绪，这至关重要。

因为我参加过徐工集团的暑期实习，在徐工进出口公司来招聘时便去面试了。但由于一些原因，公司领导决定内推我去徐工挖机事业部。有了之前很多的面试经历，我在面试的时候表现得很自然，最终拿下了录取通知。其实，最后的成功与之前所做的所有努力都是分不开的，成功需要靠平时的积累与努力。所以，要多找实习，找适合自己的实习。

最后，我想说，大学四年过得很快。虽然这四年有欢笑也有悲伤，但结果还算完美，希望自己在今后的工作中有更好的表现。

老师点评：

“人生最重要的事情是确定一个伟大的目标，并决心实现它。”小李同学对自己的规划最早是从何时开始的，或许他自己也说不准。“我的专业是阿拉伯语，从我进入大学的那一刻开始，我就决定以后一定是要用阿拉伯语工作，这是推动我前进的一份动力。”从入学后，小李同学便遵循着自己的方向坚定前行。

“知识的用处就是夜行人的火把。”小李同学带着坚定而明确的目标来到大学后，便通过与前辈交流、互联网收集等方式了解阿拉伯语的就业方向。同其他对语言类专业涉猎未深的同学一样，曾经的小李也觉得学了语言只能做一名翻译，但随着对职业世界的了解，个人阅历的增加，小李发现掌握的语言只是一项技能，更大的舞台还在等着努力的自己。同时，他为自己设定了争取留学的目标，以丰富个人经历，完成个人目标。

很多同学面临考研、考公或就业等的多重选择。小李同学面对类似的情况，通过理性地分析，发现自己的兴趣未体现在学术方面，加之考学难度大，他果断选择继续朝着求职的目标奋斗。

当我们已经对真实的自我有了充分的了解，对现实的世界有了切身的探索，面对多重选择，价值观将会对我们做选择和判断时起到决定作用。世界上不存在完美的选项，某一个选项更不会满足你所有的人生需要。因此，最能满足你当下或某段时间内目标的选项，才是更适合你的。

“无论你有多少知识，假如不用便是一无所知。” 大三下学期，小李同学开始积极实习。当然，从低年级开始实习会积累更多社会经验。

通过实习，小李同学不仅发现了自己的短板，也发现了除了语言能力之外，还需要补充市场营销、国际贸易等领域的知识。对于面试，小李同学也给出了自己的意见。

“人生须知负责任的苦处，才能知道尽责任的乐趣。” 人生的任何一个选项从来都没有“完美”这个属性，特别是随着年龄和阅历的增加，你会发现每当需要做出人生选择的时候，需要考虑的因素会有很多，甚至有些是自己曾经忽略的。无论是考虑承担家庭责任，还是需要尽全力描绘人生蓝图，希望现在的你能找到适合的那个选项。

案例7：国际经济与贸易专业小文

我将从实习和实践两个方面为大家详细地分享我自己的职业生涯规划。

1. 实习

实习对于我而言是一个长期的持续性的“任务”。在刚入大学的时候，我就受到了老师和学长的影响，力图通过多实习、多参加活动来丰富自己的社会阅历，丰富自己的社会经验，增强自身的求职硬实力。

大一的寒假，我就去了亲戚的公司，开启了人生的第一段实习经历，做的是行政助理的岗位。其实对于大学生而言，第一份实习经历就不要考虑钱的问题，侧重点放在如何能快速地积累经验。第一份实习主要是为以后的实习做好铺垫，因此我建议第一份实习可以尝试做一些简单的、基础性的工作，不一定与自己未来的目标对口。

我的第二份实习工作是在一家教育机构做助理教师。教育行业一直都是我校毕业生从业人数较多的，因此教育行业也是我未来的主要选择之一。助理教师实习结束之后，我觉得自己的性格不太匹配教师行业的工作要求，因此就打消了从事教育工作的念头。所以，我们要多尝试，通过不断尝试来确定未来的发展方向。

这里，我想向大家介绍关于兴趣和性格测试的相关工具，借助工具我们可以明确自己究竟适合什么样的工作。通过霍兰德职业兴趣理论和MBTI职业性格测试，我明确了并且坚定了未来该走什么样的路。通过霍兰德职业兴趣测试，我发现了自己的兴趣类型是社会型+企业型：擅长与人打交道，喜欢与人交往，喜欢竞争，适合做销售等相关职业。借助MBTI职业性格测试，得到我的性格类型是ESFJ，即内向感觉情感判断，这样的人热情且细心。通过职业兴趣和性格的双向匹配，我适合的职业是销售类的工作。我也觉得销售是自己喜爱的职业，因此之后的实习我都选择了与销售相关的工作。同样都是销售，但是不同行业的销售不尽相同，那么该选择哪一行业的销售也成了一个难题。对于这个难题还是要多去尝试，尽可能体验不同行业的销售模式以及销售的方法和环境。

我的第三份实习选择了银行，选择哪家银行也成为了一个问题，因为同一领域里有多家企业可供选择。在这样的情况下，我们当然首先选择去该行业里的最顶尖的企业，然而最顶尖的企业也是最难进入的，招的人少之又少，在这样的情况下我们要选择具有代表性的企业。例如互联网公司中，除去百度、阿里、腾讯三巨头之外，还有携程、美团、滴滴、大众点评等公司可供选择，它们在自己所处的子行业之中处于优势地位，这样的公司的实习经历也同样具有含金量。最终，我选择了招商银行。为何选择招商银行？首先就是相比于传统四大银行而言，招商银行进入的难度更低。其次，招商银行更具有活力，而且想法更为创新。尤其是在这样的时代背景下，实体银行受到网银的冲击影响十分巨大，各大银行开始纷纷转型，而招商银行作为第五大行，为了占据市场份额，最先开始转型。在招商银行的实习过程中，我从事的岗位与市场营销相关，主要是开拓市场。这份工作非常辛苦，需要顶着炎炎夏日到处跑业务，但我的收获很多。

我的第四份实习是在特斯拉汽车(北京)有限公司。能拿到这份实习机会要感谢老师们的帮助。在这里我想强调一下，进入大学后，我们需要学的第一步就是求助，要善于求助，利用好身边的资源。老师和前辈们的经验非常丰富，可能我们认为难的问题，他们却很快就能解决，而且他们也乐意与大家分享经验。对于车企而言，新能源车企充满了活力，加入这样的企业就好像加入了新的创业公司一样。这些企业可能制度不完善，但是敢于给予员工试错的机会，这对于实习生而言是非常宝贵的。

我的第五份实习遵循了“大厂”原则，因为当时我确定秋招的目标单位是华为，所以我想找寻类似规模的公司来实习。通过征求前辈的意见和自行在网上搜寻，我最终在海康威视进行暑期实习。其实每年的春季，各大企业都会招纳许多实习生，而这些暑期实习生往往转正的概率极大，因此对于大三的同学而言，一定不要错过暑期实习的机会。我在海康威视实习的感触良多，在部门领导和导师的带领下，我真正了解了一个销售需要具备的各项能力是什么，学习为人处世之道。凭借优异的表现，我获得了领导的一致认可，最终以第一名的成绩拿到了海康威视的转正机会。

2. 实践

除了实习，实践经历也是加分项。比如学生会社团工作经验，各种比赛的经历，支教、志愿者、大型会议的经历等。这样的实践经历往往能在简历中吸引面试官的眼球，获得面试官的好感。

首先，我建议大家尽可能加入学生会以及社团组织。学生组织是一个施展自己才华的好平台，在这些组织中你既可以认识到志同道合的朋友，拓宽自己的人脉圈，也可以锻炼自己的组织策划能力以及执行能力，有更多的机会展现自己，锻炼自己。但是我还想强调，参加社团一定要量力而行。很多新生在刚步入大学的时候会被丰富多彩的大学生活所吸引，包括学校里各种社团，而一个人的精力是非常有限的，我们需要完成的事情有很多，因此我们一定要理性选择。

其次，现在各大高校有很多以公司为基础的校园团队，例如华为旗下的花粉俱乐部、京东旗下的少东家、智联招聘旗下的智联盟等。各大公司为招揽人才，还会设置校园大使的职位。这个职位是公司与学校对接的一座桥梁，如果你在校园大使的这个岗位上表现得非常好，公司是十分愿意招收的。

再次，校园里还有各种比赛，包括职业生涯规划大赛、模拟职场大赛、主持人大赛等，这些比赛可以提升自己的综合能力，从而提升自己的求职实力。

最后，校外的各种各样活动和比赛，我们可以参加。例如华为的销售精英挑战赛、财会精英挑战赛等，腾讯、京东等经常会举办案例分析大赛，宝洁、雀巢等外企每年也会在固定的时间段举行比赛。企业类的比赛通常都会伴随丰厚的奖励，包括现金奖励、实习内推等，这样的比赛非常具有参加的价值。

值得一提的是，大连市经常会举办一些大型会议，通常需要很多志愿者。参加志愿者服务既可以锻炼自身的能力，又可以体现良好的社会责任感，因此，参加志愿服务会是你应聘的加分项。

以上就是我关于自身职业生涯规划的概述，希望能对大家的求职有所帮助，同时也衷心祝愿大家在自己的求职路上一切顺利，梦想成真。

老师点评：

小文同学确定求职目标，并且为之不断奋斗的故事，值得同学们学习借鉴。

“种一棵树最好的时间是十年前，其次是现在。”刚步入大学一年级的学生对职场的认识大多是空白的。只有进行不断的探索，才能逐步对自己有清晰的认识，才能对未来的职场发展准确定位，果断地朝着求职目标不断奋斗。

“知己知彼，理性决策。”大学一年级的假期，小文同学就开启了人生第一段实习经历，从简单基础性工作出发，快速积累经验，逐渐开始寻找与自己目标对应的工作来实习。小文的实习经历告诉我们，如果我们对于未来的定位并不明确，要多进行尝试，进而探索这份工作是否符合自己的兴趣、性格等，达到知己知彼。

“课程学习、社会实践双管齐下，逆袭offer霸。”通过生涯课学习到的相关测试工具，小文同学更加清晰地了解了自己，包括自己的兴趣、性格、技能、价值观等。小文在学好专业知识的同时，积极参加实践以及各种比赛，提升自己的沟通能力、组织策划能力、执行能力等。

可见，职业生涯规划是大学生在迈入社会之前的重要一步，提早进行职业生涯规划有助于大学生尽早明确自己的目标，确定自身的职业定位，之后根据职业定位开展有效的生涯行动。

案例8：旅游管理(英语)专业小张

我是来自旅游管理(英语)专业的小张。我在大四的秋招中收获了京东、携程、去哪儿网、美的、同程艺龙等录用通知，目前已签约去哪儿网。我在秋招中主要应聘目标为在线旅游公司，最后也如愿按照规划进入去哪儿网。

我是一个危机感比较重的人，所以喜欢在做事前对事情做好规划。事实证明，最后我的大学没有留下遗憾，很大程度上得益于我喜欢思考并在思考过后针对个人实际情况去做规划。我一直认为，在大学这样急需学习的阶段，能得到荣誉的同时，更要关注自己的成长，例如，拿到英语专业八级证书的同时，你要做到和外国人无障碍交流；实习过后，你要对这一份工作甚至行业有清晰的认识，掌握所需技能；进入学生会后，你要学会如何处理人际关系；我一直告诉自己，遇到事情不要浮躁，不要慌，要脚踏实地去做，要去关注自己的成长，关注自己擅长的领域，厚积薄发。

大一下学期，我就基本确定了自己未来不会考研，会直接就业的想法，所以大一时我就给自己做了简单的大学规划，写了一份备忘录，这份备忘录上的项目到今天已经全部打上了对号。

从大一到现在，我有过六段实习经历，从最开始在优衣库做店铺运营，到后来的新东方、搜狐，最后一步步进入美团点评、爱奇艺、京东。从最开始的艰难到最后的游刃有余，这对我来说也是一种成长。

除此之外，我做了两个创业项目，两个项目都与旅游相关；参加了全国大学生电子商务“创新、创意、创业”挑战赛、“互联网+”创新创业大赛等，拿了大大小小的一些奖项，但其实收获最多的还是在做项目的时候对很多事情的分析、了解和思考，这为我后来拿到在线旅游公司的工作机会打下了基础。

四年里，我最大的转变应该是近一年发生的——大三的暑期实习。暑期实习不同于日常实习，可以说是秋招的提前批，也是千人过独木桥，甚至比秋招还要难。那时候我前后去了北京、上海6次，屡屡碰壁，被所有“互联网大厂”拒之门外，后来终于通过补招进入京东的暑期实习。京东半年的实习，部门领导对我说过最多的一句话就是不要抛出问题，要给我解决方案，但是对于自己不擅长也不感兴趣的金融行业，我突然觉得即使留下来也不是我真正想要的。我突然明白了，明确自己的目标是多么重要，我那么努力千辛万苦才得到的机会，到最后其实不适合自己。我盲目追求“大厂”光环的时候并没有把自己未来三到五年的规划考虑进去，只有知道自己想要什么、适合什么，做事情才能不浪费时间，才能不总是质疑自己是不是没有别人优秀。有目标，有规划，有行动，就会有底气，这也是为什么后来我拒绝了京东的正式录用机会。

明确了自己的目标，我开始思考自己喜欢和擅长的领域，以及自己未来的规划，最后在秋招中，我决定以应聘在线旅游公司为目标开始针对性地找工作，而未来进入公司后，则是以对行业的了解、资源的积累、行业规则和玩法的体验为主，为自己未来自主运营做基础。

老师点评：

小张同学的求职故事有目标、有规划，坚信厚积薄发，最后在秋招中游刃有余，值得同学们学习参考。

“既能仰望星空，也能脚踏实地。” 大一的时候，小张同学就确定就业目标，给自己求职中需要的软硬件做了详细且合理的规划。她积极参与学校的各类比赛和商业项目，不断提升自己的求职竞争力，丰富自己对各个行业、各个岗位的认知。小张同学敢想敢干，还能付诸行动，一直坚信在大学这样急需学习的阶段，能得到荣誉的同时，更要关注自己的成长。

“不盲从，找到适合自己的求职节奏；不放弃，相信努力终有回报。”大三的暑期实习，是千人过独木桥，甚至比秋招还要难，那时候小张屡屡碰壁，前后去了北京、上海6次，被所有“互联网大厂”拒之门外。但当她接到竭力追求的“大厂”录用通知时，她选择了放弃。

小张开始思考自己喜欢和擅长的领域，以及自己未来的规划。

“厚积薄发，圆满结束秋招。”小张同学关注自己个人提升：实习过后，是否真的对这一份工作甚至行业有了清晰的认识；进入学生会后，是否学会如何处理人际关系。遇到事情不浮躁，不慌张，脚踏实地去做，关注自己的成长，关注自己擅长的领域，厚积才能薄发，最后小张顺利找到了心仪的工作。

案例9：汉语国际教育专业小冯

作为一名2020届毕业生，秋招的号角早在2019年的8月中旬就吹响了，尽管我并没有像很多同学那样早早就开始网申或参加学校举行的校招，但我还是幸运地在10月和11月分别拿到了“蓝色光标”的海外品牌投放实习录用函、“Miniso”海外品牌中心和“巨量引擎”的广告优化师的录用函。我想把我参加秋招的经历分享给大家，希望可以让大家获得一些启发。

1. 前奏

大二时，我去了新浪微博实习。由于当时各种求职软件上最火的岗位都是与互联网行业相关的，而我又很喜欢刷微博，因此对新浪微博这个公司很感兴趣，就报名遴选内容运营岗位的实习生。很幸运，公司的人力资源部门愿意给我这个毫无社会经验的“小白”一个机会，使我感受到“互联网大厂”的工作氛围。在整个实习过程中，通过学习和观察，我逐渐开始接触像“36氪”“人人都是产品经理”这样的应用软件。现在细想下来，这些软件对我后来的职业规划起到了很大的作用。

感受过了互联网行业的工作流程，我大致了解了什么是运营，什么是产品经理，什么是市场，以及这些岗位的细分领域。结束这段实习回到学校后，我对自己所做的工作进行了一番复盘：在互联网公司的运营模式中，员工就是公司这台巨型机器里面的一颗螺丝钉，每个电脑前的人都在负责机器运作中极其精细的一部分，但由于自身兴趣的原因，我个人不太喜欢这样的工作模式，而是更偏爱能接触到不同领域的人和事的工作，更喜欢扁平化管理模式的公司。加上之前在“36氪”中了解过“瑞幸咖啡”的营销全案，我逐渐发现自己对乙方公司更感兴趣，也更符合我的预期。

于是通过行业信息查询、知名公司了解等前期准备后，大三的寒假我选择去中国本土最大的营销科技公司“蓝色光标”的品牌策略中心做实习生。入职后的大部分时间，我都在积极进行自我提升，不懂的专业名词自己查，收集组内的各种全案资料，上网络市场营销课，还去书店买了很多品牌营销的书。在一个半月的实习时间里，我详细了解了广告公司的基本工作内容和工作状态，从与客户开会到组内商讨方案，再到策划执行、创意落地，深入地了解让我对这个行业越来越热爱，我越来越坚定了“这就是我想要选择的工作领域”的决心。正是这些实习经历才给了我在秋招中没有海投岗位的底气。

2. 高潮

2019年8月，我正准备雅思，尽管我没有开始求职行动，但已观察互联网大企业的校招开放时间。我从岗位和行业两个角度进行考量，如果是甲方公司，我紧盯的一定是广告部门的市场营销岗位的网申开放时间；如果是乙方公司，我不会放过任何一个有校招的广告公司。

甲方互联网大企业和快消品公司是我最关注的两个领域。毕业后想要进入互联网大企业工作的同学在大二、大三的时候就开始线上申请寒暑假实习生。比如腾讯每年都会有暑假实习生网申，而腾讯暑假实习生网申题目可以说是校招网申的模拟题，如果你连实习生网申的题目都不能通过，想直接毕业后网申腾讯校招就更难了。

假若暑假实习生网申没有通过，大家还可以去实习贴上投简历，因为有的单位会有内推机会。需要注意的是，内推只不过是让你能较早地参加笔试。笔试前你一定要摸清题型，可以去“牛客网”上找真题模拟，为下一年的校招网申做准备。

大部分快消品公司招管培生都是全球招募的，因此这些公司更看重学历和英语水平。“双非本科”(非985、211本科高校)的我们除非外语口语很流利，快消行业工作经验丰富，不然想拿下快消品公司的校招网申非常困难。毕业后想进入快消品公司的同学一定要关注各种商业模拟挑战赛(简称“商赛”，比如宝洁的全明星商赛、雀巢商赛、联合利华商赛等，如果你在商赛中拿到较好的名次绝对是应聘的加分项。

广告行业的校招机会不多，当年，4A广告公司中只有奥美、阳狮有校招，但是它们注重学历，学生毕业的学校都是伦敦国王学院、墨尔本大学、清华美院等高校，与这些应届生进行比拼，我们的“出身”确实很不乐观。而“蓝色光标”是我国本土的广告公司中唯一有大规模校招的公司，为此，我一直紧盯着“蓝色光标”的校园招聘信息。首先，我在应届生求职网上看了往年的招聘信息，从而预测到该公司的校招时间大约在每年的10月末、11月初。之后，我每天查看“蓝色光标”微信公众号和招聘官网，到十月末仍然没有任何的动静，我有点坐不住了。我马上联系了之前实习的人事专员，问她今年“蓝色光标”的校招时间有没有定下来。这时候就可以看出早早盯上想要进入的公司，积累人脉的优势了。她说，北京“蓝色光标”校招还没有定下来，但是上海“蓝色光标”前一天刚刚发了校招通知。她把上海“蓝色光标”的招聘文章推给了我，我这才发现上海“蓝色光标”的公众号原来隐藏得这么深，凭借一己之力很难找到。我马上进行了网申，通过初试后去上海复试。

去复试之前，我做了很多关于面试这个岗位的相关工作。首先，我明白，与我竞争的广告专业毕业的同学参加过各种广告大赛，有自己的作品，而跨专业的我只有一份广告公司的实习经历，确实显得有一些资历单薄。于是，我在广告门、数英网、梅花网上阅读了一些关于品牌年轻化和跨界营销的案例，并输出了自己的想法制作成了幻灯片，后期还添加上了自己为徐福记品牌年轻化提出的具体想法。其次，我利用网络，从业务领域、商务合作伙伴、爆款案例等方面了解“蓝色光标”。最后，我把“应届生求职网”上整理好的面经(面试经验)打印出来并画出重点。面试时，我遵循着面经上的指引掌控了整个面试的节奏。

群面中佼佼者众多，其实我不是学历最高的，也不是表现力最好的，但是我认为我带动了整个组的精气神，面试官认为我们组的整体印象很棒。由于我是组里最先让大家破冰的人，三个组员在最后组内互相推荐环节都推荐了我。所以在群面中，你不一定要做队长，但一定要做引导讨论趋势并团结大家的那个人。

面试结束后发生了一个小插曲，在离开群面会议室时，我和面试官们说了一声：“谢谢老师，老师再见！”回到酒店后，我才想起精心准备的简历没有上交，为了不留遗憾，我毅然决然地给人事部门打了电话，表明了我的来电意图，并获得理解，我把我的简历和作品以电子邮件的方式发送到面试官的邮箱。没想到第二天我就收到了复试通过的消息，而且人事专员说，只有我和面试官说了谢谢，让他们印象深刻。结束电话沟通后，我再一次感慨细节是多么的重要。

接下来就是终面环节。我的这场终面就是谈一下职业生涯规划、薪资待遇等问题，整个过程很顺利，最终我选择了北京的海外品牌投放岗位。

“Miniso”海外品牌中心和“巨量引擎”两个公司都是在学校的宣讲会后直接进行面试的，想要就业的同学一定要多多关注学校就业处发布的岗位信息。宣讲会上的企业岗位录用函发放非常迅速，既然企业来到你的学校，就说明它是认可这个学校的，只要你能够脱颖而出，就一定能快速得到录用函。同时，我建议大家关注其他同城大学或同类大学发布的信息，这样获得的机会就会更多，我们完全可以去蹭他们的宣讲会。

3. 尾声

两个月的求职应聘时间结束了，回想起来，我觉得自己蛮幸运的。整个过程中我没有迷茫期，一直都很明确自己的目标是什么，也不会盲投、海投，我将这归功于前期实践所做的准备和努力。

以上就是2020届老学姐秋招过程中的完整心路历程，希望能够给弟弟妹妹们一些参考和借鉴。

老师点评：

在众多求职毕业生中，小冯同学仅用两个月就收获了多家心仪公司的录取通知，这个漂亮的“成绩”实属难得，其胸有成竹、稳扎稳打的行动风格让人印象深刻，真正做到了“谋定而后动，知止而有得”。

小冯同学的求职行动开始于毕业年的10月，应该说在时间上已经偏晚了，但是她的谋划和实践准备早已走在了求职行动之前——从大二就已经开始了。她的两次假期实习，无疑是她确定职业发展定位的重要经历。在选择实习的单位时，她既考虑到了自己的兴趣，又结合了当前最为热门的行业领域，选择的公司又比较知名，这些都为她将来站在求职市场上竞争提供了有利的帮助。从中可见其“谋”早，其“谋”详。

选择目标实际上就是在选择方向。在实践中，小冯了解到了互联网行业的运营模式、岗位要求，但她没有满足于此，而是对自己的实习工作进行了复盘，通过比较判断出自己“偏爱能接触到不同领域的人和事的工作，更喜欢扁平化管理模式的公司”，最终确定了自己心仪的求职方向。

“知止而有得”她也做到了。对准一个目标，毫不动摇，全力以赴，只有这样才有逐渐扩大自己成功的可能性，甚至能得到一番意想不到的收获。大三假期，小冯在求职“蓝色光标”时的表现值得很多人思考和学习。她通过寻找该公司的历史招聘信息判断出公司招聘的大致时间，之后“守株待兔”，没有消息后又能立即想办法找熟人打听详细情况，从而获得了最新的招聘信息；为了复试能够成功，她在多家网站上阅读了关于品牌年轻化和跨界营销的案例，结合自己为徐福记品牌年轻化提出的具体方案编成PPT；她还把该公司的业务领域、商务合作伙伴、爆款案例统统浏览了一遍，真正做到了“知己知彼”。这些努力让她逐渐弥补了自己和科班出身名校毕业生的差距，其对公司背景、文化、业绩的充分了解也更容易赢得公司面试官的好感。

除此之外，她在群面中懂得引导讨论趋势并团结组员，都可以看出她做的准备何其充分，而“机会往往是留给有准备的人”。

小冯的成功并不是偶然，正如她自己所说：“整个过程中我没有迷茫期，一直都很明确自己的目标是什么，也不会盲投、海投，我将这归功于前期实践所做的准备和努力。”

案例10：高级翻译专业小王

如果18岁的我可以和现在的我隔空对话，那么18岁的我一定会问：“你的梦想实现了吗？”我会给她讲一下这3年发生的故事。

大一时的我就像一个活在梦里的小孩子，把一切看得都极其理想化。我所学习的专业为翻译，而我对专业的选择一方面是来自对英语的热爱，另一方面是因为受到一部电视剧的鼓舞——《亲爱的翻译官》。我看到了翻译们侃侃而谈的帅气、临危不乱的风度、饱读诗书的优雅，甚至是高薪带来的精致生活，但没有看到这些背后所付出的汗水与努力。当我第一次走进高级翻译学院的教室，听着老师的全英文授课时，我才意识到梦想的实现并没有那么简单。第一节美国英语视听说课上，老师为我们播放了CGTN新闻。听了20分钟后，我只明白了一件事——主持人长得真好看！至于新闻的内容，我只能根据零星几个认识的单词，再结合自己的想象进行脑补。那一天，我看到了理想和现实的差距，我的“程家阳”、我的同传箱、我的普拉达瞬间化为泡影，我知道是时候停止那些不切实际的幻想了。于是，我打开了第一篇VOA慢速新闻听力，也将浮躁的内心慢慢沉淀了下来。我不断地告诉自己，大学生活就是要过得充实，所以我必须让自己忙碌。但这种想法又把我带向了另一个误区。

大二是我最迷茫的时期。那一年，我参加了很多不同类型的比赛，也拿到了很多不一样的奖项。在专业学习方面，我获得了省政府奖学金、校综合一等奖学金、院系英语模仿比赛一等奖等，我的学业成绩与综合成绩两年均稳定在年级第二名，取得了英语四级优秀的等级，托福首考也达到了110分。在非专业活动方面，我取得了大连市大学生职场模拟大赛第二名、校职场模拟大赛一等奖、职业生涯规划大赛二等奖、校主持人大赛十强、院系模拟招聘会一等奖等成绩，同时参加校学生会竞选，担任第54届校学生会秘书长。我曾幻想过自己或许可以成为一个工作、学习两不误的“女强人”，但当我的雅思成绩并没有进步时，我开始反省，我突然意识到自己白白虚度了两年的学习光阴。那天，我在明阳湖的新月桥上和小金鱼对视了两个小时。其实我失败的次数很多，在很多比赛中我取得的成绩并不理想，但我从来不为它们伤神。雅思成绩带给我的沮丧让我明白自己深深热爱着语言、热爱着专业，我也应该给自己的生活做减法，专心投入学业。

大三时的我是最勇敢的，因为我第一次完全独立地为自己规划了未来——出国。这样的选择离不开父母的支持，我非常感谢我的父母保护我、信任我。在专业选择方面，我通过实践进一步了解了各种感兴趣的专业。一方面，我在限选课学分已经修满的情况下，旁听了外教菲利普博士开设的Second Language Acquisition课程，对国外老师的教学风格和外语教学专业有了初步的了解。在这门课上，我对外语教学方法、现存问题等内容有了一定的了解，而这门课也可以说是研究生外语教学专业的入门课，这使我对一个全新的专业有了初步的认识。我还在学长的帮助下，去图书馆借阅了语言学方面的书籍进行阅读。同时，在翻译专业方面，我努力吸收老师所讲的一切知识，在课下每天练习口译，积极参加学术竞赛，努力提高自己的水平。2019年5月份，我连续两周参加了两场比赛，分别获得了第八届全国口译大赛辽宁省赛区一等奖以及大连外国语大学同传邀请赛一等奖，同时我也一次性拿到了全国翻译资格考试二级口译证书。这些小成绩让我对学习翻译有了更多的自信。2019年7月份，我接到了我的第一份口译工作，担任商务谈判翻译。2019年10月份，我为旅顺口区外事办提供了口译服务。2019年11月份，我又为大连医科大学中山校区的中美合作项目提供了交传服务。几次翻译实践让我走出了课堂，我开始逐渐了解翻译市场上的重重挑战。正是这些尝试让我更加了解自己的内心，我相信每一次尝试都绝非无用功，它们帮我一点一点地看清自己。

大四的我正式进入出国申请阶段，6次雅思考试磨光了我的自信与耐心。我的写作成绩遇到了瓶颈，屡次的失败给我带来了很大的心理压力，但也成就了我极强的抗压能力。翻译院校的重重选拔曾让我焦虑紧张，但是凭借雅思帮我练就的抗压能力，我成功地调整好了心态，也收获了一个又一个录取通知书，包括贝尔法斯特女王大学口译专业、威斯敏斯特大学口笔译专业、诺丁汉大学口笔译专业、格拉斯哥大学外语教学专业与爱丁堡大学外语教学专业的录取通知。但在择校的过程中，金钱成本、时间成本、就业前景等问题把我紧紧锁住。我不断地询问家人和朋友的意见，却仍然做不出选择。但在这个过程中，我再一次看清了自己。我意识到没有任何一种规划是完美的，我也没有必要做太长远的决定，因为我也只是一个普通人。与其给自己画地为牢，不如多去闯一闯试一试。同时，我尝试了翻译以外的新工作——英语早教，并开始准备国际汉语教师考试。诚然，这一切都证明了我仍然迷茫，仍然不知道什么是自己最喜欢的、最适合的。但比起曾经的痛苦式迷茫，现在的我至少是乐观式迷茫。虽然我不知道自己以后会做什么，但是我知道自己已经走在了寻找内心的路上。即使我做错决定，也不至于无法挽回，因为没有任何一件事会大到影响一生、不可逆转，只要肯努力，一切就都来得及。

就像18岁的我一样，21岁的我仍然迫不及待地想问24岁的我同样的问题：你在做什么？你成为翻译了吗？你做老师了吗？你在读博士吗？你工资高不高？你在哪个国家？但问这些问题前，21岁的我会先告诉18岁的我："放心吧，梦想总会实现的。"她也会偷偷地对24岁的我说："放心吧，不管你成为了什么样的人，不管你做什么工作，不管你工资高不高，我都依然支持你、相信你。"

老师点评：

"仰望星空，更需要脚踏实地。"小王同学的职业启蒙源于一部电视剧，这部电视剧将翻译官的职业和专业深植于小王同学心中，但文艺作品和现实还是有差距的。进入大学学习后，小王同学意识到了自己的梦想和现实的巨大差距，但她没有放弃梦想，而是开始了自己的尝试，勇敢前行。

"忙碌不等于充实。"进入大二，小王同学通过前期努力在各个领域崭露头角，无论是自己的专业比赛、各类考试，还是学生会工作，但随着越来越忙碌，小王同学发现这种忙碌并不代表充实，因为她已经离自己的目标和梦想越来越远，这时候需要的就是做好选择了。

"不要只顾低头拉车，还要学会抬头看路。"最终在参与实践和深造学业这两个选项中，小王同学经过自己的思考，排除了就业实践，坚定地选择了出国深造学习，开始继续为她的梦想努力。

参考文献

[1] 金树人. 生涯咨询与辅导[M]. 北京：高等教育出版社，2007.

[2] 包昆锦. 个体内、外生涯互动关系的个案研究[D]. 上海：华东师范大学，2007：100-122.

[3] 张季菁，张雪松. 大学生职业生涯规划与就业指导[M]. 北京：中国经济出版社，2018.

[4] 徐蔚. 职业生涯规划实践[M]. 北京：清华大学出版社，2019.

[5] 曲振国. 大学生就业指导与职业生涯规划[M]. 2版. 北京：清华大学出版社，2020.

[6] 理查德·尼尔森·鲍利斯，卡罗尔·克里斯汀，吉恩·布卢姆奎斯特. 你的降落伞是什么颜色？[M]. 北京：中信出版社，2013.

[7] 王占军. 大学生职业生涯规划咨询案例精编[M]. 上海：华东师范大学出版社，2018.

[8] 钟谷兰，杨开. 大学生职业生涯发展与规划[M]. 上海：华东师范大学出版社，2019.

[9] 钟思嘉，金树人. 大学生职业生涯规划：自主与自助手册[M]. 北京：高等教育出版社，2017.

[10] 刘敬坤，徐宏. 中国近代高等教育发展历程回顾(上)[J]. 东南大学学报(哲学社会科学版)，2004(01)：114-119，125.

[11] 徐振岐，李晔晔. 近代以来中国高等教育的发展探析[J]. 继续教育研究，2019(01)：29-35.

[12] 鞠光宇，马陆亭. 根治“五唯”顽瘴痼疾，完善考试招生制度[J]. 中国考试，2019(01)：15-18.

[13] 王琪. 新高考改革背景下的大学生生涯发展指导研究[D]. 山东师范大学，2019.

职业生涯规划报告（模板）

职业生涯规划报告

院　　系：
专　　业：
班　　级：
姓　　名：
学　　号：
制定日期：

一、自我探索

根据家长、老师和同学们的评价，借助于生涯发展工具，对自己进行如下方面的分析。

(一) 职业兴趣

1. 我的职业兴趣代码__________、__________、__________。
2. 这些代码的特点是什么？

3. 综合以上代码，得到的职业有哪些？

(二) 职业性格

1. 我的职业性格代码是____________________。
2. 这组代码的特点是什么？

3. 综合以上代码，得到的职业有哪些？

(三) 职业技能

技能类型	目前具备的项目	目标项目
专业知识技能		
可迁移技能		
自我管理技能		

(四) 职业价值观

1. 我比较看重的职业价值观包括哪些内容？

2. 由职业价值观，我产生的职业思考是什么？

二、职业世界探索

(一) 家庭与学校环境分析

家庭环境 (如经济状况、家人期望、家族文化等)		学校环境 (如学校特色、专业学习、实践经验等)	
优势	劣势	优势	劣势

(二) 经济环境与就业形势分析

1. 我所了解的经济环境？

2. 我所掌握的就业形势？

(三) 我的理想职业所属行业的基本情况及职业分析

1. 行业分析(如××行业现状及发展趋势)

2. 职业分析(如××职业的工作内容、工作要求、发展前景，以及所需的个性素质、知识技能等)

(四) 我的职业清单

序号	理想职业	从业人员能力与素质需求
1		
2		
3		
4		
5		
6		
7		
8		

三、职业定位(决策)

SWOT分析

内部	优势(S) (1) (2) (3) ……	劣势(W) (1) (2) (3) ……
外部	机会(O) (1) (2) (3) ……	威胁(T) (1) (2) (3) ……

综合第一部分(自我分析)及第二部分(环境分析)的主要内容得出本人职业定位。

职业目标	
职业发展策略	
职业发展路径	

四、树立目标及制订行动计划

(目标项除了学业以外，还应包含能力和素质类项目)

年级	学期	目标	具体行动计划
大一	上	(1) (2) ……	(1) (2) ……
	下	(1) (2) ……	(1) (2) ……
大二	上	(1) (2) ……	(1) (2) ……
	下	(1) (2) ……	(1) (2) ……
大三	上	(1) (2) ……	(1) (2) ……
	下	(1) (2) ……	(1) (2) ……
大四	上	(1) (2) ……	(1) (2) ……
	下	(1) (2) ……	(1) (2) ……